Texte, basierend auf Mu

Ein Zen-Buch

Zu diesem Buch

In mehr als sechzig Texten beschreibt Ralf Scherer das den Menschen Angehende. Hierbei basieren alle Texte auf Mu, dem zen-buddhistischen Ausdruck für das absolute Nichts. Nicht Ralf Scherer hat damit die Texte geschrieben, sondern die Erde, die Schöpfung.

Über den Autor

Ralf Scherers Wahrnehmung änderte sich durch die Arbeit mit dem Kôan Mu, dem paradoxen Rätsel des großen Zen-Meisters Jôshû Jushin (778 - 897). Seine Sicht der Dinge war nun nicht mehr verfälscht durch sein Ich. Aus dieser Ichlosigkeit heraus beschreibt er Zen.

Texte

basierend auf Mu

Ein Zen-Buch

*Bibliografische Information der Deutschen National-
bibliothek:
Die Deutsche Nationalbibliothek verzeichnet diese Pu-
blikation in der Deutschen Nationalbibliografie; de-
taillierte bibliografische Daten sind im Internet über
http://dnb.dnb.de abrufbar.*

© 2015 Ralf Scherer

*Herstellung und Verlag:
BoD – Books on Demand, Norderstedt
ISBN 978-3-7386-4166-0
2. Auflage*

Inhaltsverzeichnis

Vorbemerkung, „Wofür Zen?"	12

Texte:

Weisheit – Das Gegenmittel der Verzweiflung	32
Zwinge dich nicht alle Lieder von Led Zeppelin gut zu finden	34
Die Änderung des Blickwinkels	36
Vergib, indem du bist	38
Angst, Kôan Mu	40
Das Erkennen des Wesens der Dinge	42
„Ich will es jedem recht machen", Geht das?	44
„Bin ich arrogant oder selbstbewusst?"	46
Love it, leave it or change it … oder die Nicht-Entscheidung des Zen	48
„Ich fühle mich völlig wertlos", Kôan Mu	50
Warum ist die Würde des Menschen unantastbar?	52
Gewalt, Die Unpünktlichkeit des Gesetzes	54
Die Meinungshoheit	56
Das Eheversprechen und die Berechtigung der Scheidung	58
Die höchste Hürde eines Amoklaufs	60
Der Märtyrertod	62
Religion ist Gott	64
Mu und Narzissmus	66
Bulimie, Der Spiegel der ewigen Schönheit	68
Zen und der Mensch in Haft	70

Positiv denken? Nein, Zen? Ja	72
Sozial ist, was Arbeit schafft? Nein	74
Die Deckung des Geldes	76
Die Korrektur der eigenen Erziehung	78
Der Neoliberalismus und die tatsächliche Freiheit	80
Der von sich entfernte Soldat	82
Die fehlerhafte Aufrechnung des Glücks	84
Die Emanzipation von Frau und Mann	86
Der einzige Feind des Menschen	88
Beziehung, Wenn der Mann zum Trottel wird	90
Der gläserne Mensch	92
Plapper nicht nach, finde deine eigenen Worte	94
Die Akzeptanz des Unfassbaren	96
Der kategorische Imperativ von Kant und das Nicht-Handeln, das Zen ist	98
„Das Gott", Der Artikel von Gott	100
Baron Münchhausen: Am eigenen Schopf aus dem Sumpf ziehen, Das geht nur in Zen	102
Die Egozentrik Gottes, die keine ist	104
IWF: Negativzins? Nein, Positivzins? Nein	106
„Guter Cop, böser Cop", Nicht mit Gott	108
Zen beendet alle Bücher	110
Mu: Das einzige Perpetuum Mobile	112
„Nimm das, was dich veranlasst...", Das tiefe Loslassen, das Zen ist	114
Die soziale Komponente Gottes	118
Die Staatsform der Freiheit, Nicht-Anarchie	120
Das perfekte Verbrechen	124
„Der Weg ist das Ziel", Eine Umschreibung	

für Gott	126
Politik, Die Schlafwandler von heute	128
Das absolute Zeitmanagement	130
Die Entfremdung des Lebens durch das Wort	134
Die Regenerationszeit vom Ärger	136
Die Reinigung des Geistes	138
Der Ausbruch aus dem Teufelskreis	140
Rassismus, Mu gibt das nicht her	142
„Was machst du denn für ein Gesicht?", Das Ur-Antlitz	146
Der Gegensatz von Arm und Reich, Systemwechsel und Umverteilung	148
Die schlechteste Nachricht ist Gott	152
„Woran glaubst du denn?" „An nichts", Zen und Nihilismus	154
Mu - Das einzige, das nicht im Glashaus sitzt	156
„Wie soll ich mich entscheiden?", Das Nicht-Handeln	158
Der selige Zustand der Ichlosigkeit	160
Menschenrechte sind keine Privilegien	162
„Immer ist irgendwas", Der Tumult des samsara	164
Die politische Mitte	166
Die Frage des Geldes in der Spiritualität	170
Blut ist dicker als Wasser, und Mu ist dicker als Blut	174
„Ich bin", Das politischste Statement überhaupt	176
Schlusswort	180

Vorbemerkung

Wofür Zen?

Menschen stellen diese Frage. Sie sagen „Was soll ich mit Zen, wofür ist Zen gut?"

Würde die Frage einem Zen-Meister gestellt, so könnte dieser dem Fragesteller, ohne ihn auf den Arm zu nehmen, in vollem Ernst, antworten: „Ich weiß auch nicht, wofür Zen gut ist, sag du es mir", d.h. Zen ist von jener Art, die dem Anderen nicht auferlegt werden kann, sondern dieser aus sich heraus zu dem Verständnis gelangen muss, warum Zen tiefsten Sinn macht.

Zen lehnt es also ab, den Anderen von sich zu überzeugen, ihn zu überreden, sich ihm schmackhaft zu machen, sich zu verkaufen, sich anzupreisen, sich anzubiedern, sich aufzudrängen. Der Mensch soll selbst zur Einsicht kommen, einer Einsicht, zu der der Zen-Meister bereits gekommen ist.

Ich kam zu dieser Einsicht, als ich bemerkte, dass ich die Dinge des Lebens falsch bewertete. Ich bewegte mich in die falsche Richtung: Weg von mir, statt zu mir hin. Hin zur Zerrissenheit, statt zum Einssein. Der Maßstab, den ich zur Bewertung verwandte, stimmte nicht mit der Realität überein. Und das ist schon ein Riesenmist, man stelle sich vor, ein Architekt benützte bei seiner Arbeit ein Lineal mit einer falschen Skala. So kam ich zu Zen, und Zen wurde zu meinem

Maßstab. Zen ermöglichte mir zu mir zu kommen, sowohl in der Wortbedeutung der Bewegung als auch der des Erwachens.

Als Mensch des Westens geboren und in dessen Werten großgezogen, ist es interessant sich dem zu widmen, was eigentlich dem Osten zugerechnet wird. Doch was sind überhaupt die Werte des Westens? Wie unterscheiden sie sich von denen des Ostens? Eine ältere Frau meinte einmal zu mir, dass wir hier im Westen durch die Aufklärung ja doch sehr viel weiter seien als andere Völker. Doch die Frage muss schon erlaubt sein, ob wir mit unseren zwei verheerenden Weltkriegen tatsächlich weiter sind? Die Aufklärung, die angetreten war dem Menschen die Vernunft zu bringen, hat diese jedenfalls nicht verhindert. Um es also deutlich zu sagen: Es gibt keine westlichen oder östlichen Werte, es gibt nur den universellen Wert. Zen ist dieser universelle Wert. Er gilt für das eine, wie für das andere, d.h. dieser Wert ist nicht ein Wert, sondern zwei Werte, die aber eins sind. Jeder Mensch, ob im Westen oder Osten, kann also Zen praktizieren.

Wie tut er das? Im Grunde ist es ganz einfach: Er bemüht sich ernsthaft um eine Antwort auf die Frage „Wer bin ich?", der Frage der Selbst- oder Gotteserkenntnis. So sehr dies auch stimmt, können viele Menschen damit nur wenig anfangen. Nicht nur sind sie nicht in der Lage zu verstehen, dass diese Frage die Grundfrage aller Dinge ist, und damit die Lösung aller Probleme, selbst wenn sie die enorme Wichtigkeit dieser Frage erahnen, fehlt es daran, wie diese Frage konkret anzugehen ist. Den Zen-Meistern alter Zeit war dieses Problem bekannt und sie erschufen ein Hilfsmittel, das erlaubt, diese wichtigste aller Fragen methodisch anzugehen. Sie erschufen das sogenannte Kôan.

Ein solches ist beispielsweise das Kôan Mu. Seine Methode liegt darin, dem Menschen etwas zu geben, woran er sich gedanklich halten kann, bis er die Frage „Wer bin ich?" geklärt hat. Der mit dem Kôan Mu arbeitende Mensch erhält also nicht wie Eugen Herrigel, der Autor des Zen-Klassikers „Zen in der Kunst des Bogenschießens", einen Bogen, um anhand des Bogenschießens zu erfahren, wer er ist, sondern ein dingloses Ding, ein unbedingtes Ding, ein Nicht-Ding, das ihm die einzuschlagende Richtung anzeigt.

Dieses unbedingte Ding ist Mu.

Die Tragweite von Mu ist eine unendliche, eine allumfassende, denn:

Mu ist Gott.

Durch das Erfahren von Mu beantwortet der Mensch die Frage, er ist frei. Da ist nichts mehr, das ihn fesselt. Er hat alle Konditionierungen verloren und durch diesen Verlust alles gewonnen. Er hat die falsche Skala des Architekten korrigiert, und zwar so, dass das Maß nun mit sich übereinstimmt. Der Baum ist wirklich der Baum, nicht das Abbild des Baumes. Das Ich verfälscht nicht mehr die Dinge, weil es nicht mehr besteht. Alle Illusionen, Trugbilder, Verblendungen sind vernichtet. Die Welt ist verschwunden, d.h. die Welt ist von nun an sein Ich. Diese höchste Nähe zu ihr, dieses Einssein mit der Schöpfung, ist der Wunsch des Menschen sie zu bewahren.

Tatsächlich handelt nicht mehr er, sondern er wird gehandelt. Obwohl er gehandelt wird, ist dies sein freier Wille. Also keinesfalls eine Unterwerfung, etwa unter Gott, sondern im Einssein mit dem Absoluten die höchste Mündigkeit und damit genau das, was die Aufklärung mit dem „Ausgang aus der Unmündigkeit" (s. Immanuel Kant) anstrebte. Zen ist also höchste Aufklärung. Zen ist höchste Vernunft.

Als ich begann mit dem Kôan Mu nach meinem Ich zu suchen, mich also bemühte die Frage der Selbsterkenntnis zu klären, erkannte ich etwa sechs Wochen später für einen kurzen Moment Mu. Eine äußerst faszinierende und nicht zu beschreibende Wahrnehmung der Transzendenz. Ein Wahrnehmen ohne Subjekt und ohne Objekt, ein Wahrnehmen, das weder Anfang noch Ende kannte und mir zum ersten Mal die Grenzenlosigkeit meines Daseins offenbarte.

Völlig überwältigt von dieser Erfahrung und mir der enormen Bedeutung von Zen zum Wohle aller Menschen, sprich ihrer Freiheit, mehr und mehr bewusst, wollte ich das Erfahrene auch anderen Menschen mitteilen, und ich begann Bücher zu schreiben und eine Website aufzubauen.

Mit den Jahren meines weiteren Übens um das Erkennen zu vertiefen, wurde der Prozess meines Nicht-Werdens, also der Weg zu dem, was ich wirklich bin, feiner und feiner, d.h. das Ich, durch das ich gehandelt wurde, wurde reiner und reiner. So wie Herrigel die Pfeile abschießt, indem er auf das Innere zielt, um das Äußere, die von ihm entfernte Zielscheibe, ins Schwarze zu treffen und damit den (ge)rechten Schuss zu erzielen, sind, so kann ich mehr und mehr behaupten, meine Texte geschrieben. Mehr und mehr kann ich sagen: Nicht ich schreibe, sondern Mu schreibt, oder religiös ausgedrückt, Gott schreibt durch mich. Ein absichtsloses Schreiben. Ein unabhängiges Schreiben. Ein Schreiben, das umso mehr die Wahrheit wiedergibt, je mehr mein Nicht-Werden voranschreitet.

Zu Beginn dieses Prozesses waren die Texte sehr lang, eher erzählerisch, doch mit der Verfeinerung wurden sie zu einem Substrat, sie verloren das Überflüssige und wurden an mancher Stelle selbst zum Kôan. Mancher tut sich damit schwer und mag dies nicht gern lesen. Ich glaube, die meisten Menschen kommen eher damit zurecht, wenn ich, wie jetzt hier, in einem erläuternden Stil schreibe, doch darf man nicht vergessen, dass die reine Substanz den höchsten Anteil an der Wahrheit enthält, also den Leser am wenigsten trügt. Letzten Endes reicht es Mu oder Gott zu sagen: Damit ist alles gesagt. Auf diesen einen namenlosen Namen (oder Nicht-Begriff) laufen alle Texte hinaus.

So ist deren Thema auch immer nur Mu, d.h. es geht immer um das den Menschen Angehende.

Hierbei sind manche der Texte mit Zitaten großer Meister (Weiser) versehen. Es ist nicht so, dass ich den Zitaten folge, sondern ich schreibe, was zu schreiben ist, d.h. die Zitate folgen mir. Mir meint die zunehmende Ichlosigkeit, um die ich bemüht bin und die unser aller Quelle ist, weswegen die Zitate passen. Ich könnte auf sie verzichten, möchte aber dem Leser, der an mancher Stelle nur ungläubig nickt, das Vertrauen erleichtern, wenn er sieht, dass auch andere, und sehr große Namen, vieles sehr ähnlich formulierten. Doch sollte er auch verstehen, dass der größte Namen der namenlose Namen ist. Der Name, der auch er ist, auch wenn seine Konditionierungen ihn noch davon abhalten dies zu erkennen.

Eine letzte Anmerkung: Fast jeder der Texte enthält einen Hinweis auf das Kôan Mu. Der Leser möge mir diese ständige Wiederholung verzeihen. Nicht nur möchte ich damit die Wichtigkeit der persönlichen Erfahrung betonen, der Grund liegt auch darin, dass die Texte, die in einem Zeitraum von etwa zwei Jahren entstanden sind und nun erstmals gesammelt als Buch vorliegen, meiner Website entnommen sind und derjenige, der im Internet von einer Suchmaschine geleitet zu einem gelangt, diesen Hinweis dann meist ja nur einmal liest.

Ralf Scherer, 2015

Kôan Mu:

Ein Mönch fragte Jôshû in allem Ernst: „Hat ein Hund Buddha-Wesen oder nicht?"

Jôshû versetzte: „Mu!"

„Ich bin kein Mensch in eurem Sinne des Wortes, auch wenn ich euch als ein Mensch erscheinen möge. Ich bin dieser unendliche Ozean des Bewusstseins, in dem alles geschieht. Auch bin ich jenseits aller Existenz und Erkenntnis, reine Glückseligkeit des Daseins. Es gibt nichts von dem ich getrennt bin, daher bin ich alles. Kein Ding ist mich, so bin ich nichts. Dieselbe Kraft, die das Feuer brennen lässt und das Wasser fließen, die Samen sprießen und die Bäume wachsen, lässt mich eure Fragen beantworten."

Sri Nisargadatta Maharaj
1897 – 1981

„Die großen Weisen haben auch gesagt: ‚Wenn das Eine erkannt wird, das in sich selbst enthalten ist, wird alles bisher nicht Gewusste erkannt'. Wir haben so viele verschiedene Gedanken. Wenn wir über Gott meditieren, der das Selbst ist, werden wir die Vielfalt unserer Gedanken durch diesen einen Gedanken überwinden können, und auch dieser eine Gedanke wird schließlich verschwinden. Das ist gemeint, wenn man sagt, das Selbst zu kennen, heißt Gott zu kennen. Dieses Wissen ist Erlösung."

Bhagavan Sri Ramana Maharshi
1879 – 1950

„Wo es drei Götter gibt, da sind die Götter. Und dort, wo zwei einer ist, da werde ich sein."

Jesus Christus
aus dem Thomas-Evangelium

„Wenn du suchst, was ist das anderes, als Schall und Form nachzujagen? Wenn du nicht suchst, worin unterscheidest du dich dann von Erde, Holz und Stein? Du musst suchen ohne zu suchen!"

Zen-Meister Fo-yan
1067 – 1120

Texte

Weisheit – Das Gegenmittel der Verzweiflung

Ist ein Mensch verzweifelt, weiß er also weder ein noch aus, so geht es darum das Ein und Aus zu vereinen, bis das Ein das Aus ist. Diese Vereinigung ist Weisheit. Sie ist das Gegenmittel der Verzweiflung und wird erhalten durch die Arbeit mit dem Kôan Mu.

Die Weisheit ist kein verstandesgemäßes Wissen, sondern ein Nicht-Wissen, ein Wissen um das Leben. Ein Wissen, das geistige Freiheit ist, d.h. wer fähig ist, in einer verzweifelten Situation frei zu denken, also von der Verzweiflung gedanklich nicht gefesselt zu sein, findet den Ausweg.

Ein „Beispiel" für freies Denken ist die folgende „Anekdote" (Kôan):

Riko, ein hoher Beamter, sehr philosophisch, bat Zen-Meister Nansen (748 - 835), ihm das alte Kôan von der Gans in der Flasche zu erklären.

„Wenn man ein Gänseküken in eine Flasche steckt", sagte Riko, „und es füttert, bis es ausgewachsen ist, wie kann man dann die Gans herausholen, ohne sie zu töten oder die Flasche zu zerbrechen?"

Nansen klatschte kräftig in die Hände und rief: „Riko!" „Ja, Meister", schreckte der Beamte auf. „Siehst du", sagte Nansen, „die Gans ist draußen".

Zwinge dich nicht alle Lieder von Led Zeppelin gut zu finden

Als ich ca. 15 Jahre alt war (1981) entdeckte ich für mich die großartige britische Heavy-Rock Band Led Zeppelin. Sehr, sehr viele Lieder gefielen mir, u.a. die zeitlosen „Stairway to Heaven" und „Whole Lotta Love", aber einige, wenige Lieder gefielen mir nicht, doch „das durfte nicht sein". Alle Songs von Led Zeppelin, so meinte ich, hätten mir zu gefallen, und ich zwang mich auch diese Lieder gut zu finden, eben weil sie von Led Zeppelin waren.

Durch diesen Zwang entwickelte ich jedoch einen Widerwillen gegen Led Zeppelin und konnte sie jahrelang nicht mehr hören. Ich hatte mich völlig an ihnen überhört.

Mu ist das, was ist; das Erkennen von Mu gelingt durch die Arbeit mit dem Kôan Mu.

Mu ist ohne Zwang, denn der Zwang von Mu ist Mu.

Wer Mu erkennt, strengt sich nicht an, etwas gut zu finden. Er findet etwas gut, weil es gut ist, das Anstrengen ist mühelos.

Wer also sagt, weil es von Led Zeppelin ist, muss es gut sein, irrt. Er erhebt ein Ideal. Er muss sagen, weil es Mu ist, ist es gut.

Dann ist das Gute gut und das Schlechte schlecht.

Die Änderung des Blickwinkels

In einem Film, dessen Titel ich nicht mehr weiß, regte sich ein junger Mann darüber auf, dass ein Bekannter ihm noch 20 Dollar schulde und einfach nicht bezahle und er deshalb nichts mehr mit diesem zu tun haben möchte, aber es ihm doch um die 20 Dollar leid täte.

Sein älterer Gesprächspartner meinte zu ihm: „Sieh es doch mal so. Es hat dich nur 20 Dollar gekostet, ihn loszuwerden." Dann fiel der Name des Philosophen Machiavelli (1469 – 1527).

Viele Menschen sehen die Dinge einzig aus ihrem Blickwinkel. Sie können sich nicht vorstellen, dass diese vielleicht auch anders gesehen werden könnten, als sie sie sehen.

Je weniger der Mensch fähig ist, die Dinge anders zu sehen, desto weniger sieht er sie, wie sie sind. Mu (Zen) geht in dem Anders-Sehen, in dem Wechsel des Blickwinkels bis ins Unendliche, demnach bis dahin, da es keinen Blickwinkel mehr gibt, d.h. Mu der Blickwinkel ist. Das Anders-Sehen des Dinges ist dann das Ding.

In diesem absoluten Blickwinkel ist das Sehen überwunden. Es ist das Sehen ohne zu sehen. Es ist das Sehen des Ohne, das Sehen von Mu. Das perspektivische (selektive) Sehen wurde zum universellen Sehen.

Die Änderung des Blickwinkels, also das Sich-Lösen vom eigenen Standpunkt, wird geübt durch die Arbeit mit dem Kôan Mu, indem die Frage, ob ein Hund Buddha-Wesen habe oder nicht, mal aus der Sicht (bzw. dem Winkel) des Ja und mal aus der Sicht des Nein betrachtet wird, solange bis das Ja das Nein ist, d.h. der Gegensatz (Dualismus) überwunden wurde.

Was hat der Mensch davon, wenn er die Dinge anders sehen kann? Er baut sein Leben nicht auf einer fehlerhaften Sicht (Lüge) auf, sondern auf der Wahrheit, auf Mu.

Vergib, indem du bist

Das Vergeben geschieht, wenn es geschieht. Wer also nicht vergeben kann, kann nicht zum Vergeben gezwungen werden. Wird er gezwungen, so ist das Vergeben hinfällig, es entzieht sich, d.h. der Zwang hat nichts bewirkt.

Die Frage, ob es überhaupt etwas zu vergeben gibt, ist die Antwort: Zu vergeben ist einzig das, was nicht Mu ist, da Mu schon vergeben wurde.

Diese Frage bestimmt auch, wer wem zu vergeben hat.

Was hat der Mensch davon, wenn er vergibt? Er hat davon, dass er durch das zu Vergebende nicht belastet ist, d.h. er hat das Sein.

So vergibt der Mensch, indem er ist.
Indem er was ist?
Indem er Mu ist.
Dann hat er allen vergeben, auch denen, denen er nicht vergibt.

Mu zu sein, gelingt durch die Arbeit mit dem Kôan Mu.

Angst, Kôan Mu

oder: Die Methode des Türstehers Geoff Thompson versus die Nicht-Methode des Kôan Mu

oder: Die Nicht-Kontrolle der Angst

Der englische Türsteher Geoff Thompson beantwortet jeden auftretenden Gedanken der Angst mit der gedanklichen Aussage „Damit werd ich fertig".

So beschreibt er in seinem Buch eine Szene, in der er und seine Kollegen von der Polizei verhört werden und er ständig die innere Stimme (Gedanken) vernimmt „Jetzt bist du dran, jetzt haben sie dich" und er diese Stimme durch „Damit werd ich fertig" beantwortet, um die Angst zu kontrollieren und die Situation zu bestehen.

Auch das Kôan Mu beantwortet jeden auftretenden Gedanken, indem der auftretende Gedanke aber die Antwort selbst ist. Die Antwort, die das Kôan Mu damit jedem Gedanken gibt, ist Mu. Der Gedanke läuft ins Leere. Würde das Kôan Mu wie Thompson einen „formulierten Standardsatz" wie „Damit werd ich fertig" verwenden, so würde dieser „Standardsatz" implizieren, dass es etwas geben könne, mit dem fertig zu werden sei, doch mit Mu kann nicht fertig geworden werden, weil Mu schon fertig (ganz) ist.

Das Kôan Mu gibt damit eine unendlich bessere Antwort als die Methode von Thompson. Eine Antwort, die die Angst (Gedanken) durch Nicht-Kontrolle kontrolliert. Eine Antwort, durch die der Mensch angstfrei lebt.

Die Fähigkeit diese absolute Antwort zu geben, erwirbt er sich mehr und mehr durch die Arbeit mit dem Kôan Mu.

Das Erkennen des Wesens der Dinge

Ein Mann kommt spät abends von der Arbeit nach Hause. Seine Frau ist verärgert. Er könnte ihren Ärger lediglich als schlechte Laune abtun, er könnte aber auch mehr zu dem Wesen der Dinge vordringen, indem er erkennt, dass das Ding Ärger auf der Sorge der Frau um die Gesundheit ihres seit langem überarbeiteten Mannes basiert.

Je mehr der Mensch Mu (Buddha) erkennt, beispielsweise durch die Arbeit mit dem Kôan Mu, desto mehr erkennt er das Wesen der Dinge.

Dieses Erkennen ändert die Beurteilung.

In dem bekannten Film „Das Schweigen der Lämmer" findet ein Dialog statt zwischen Dr. Hannibal Lecter (Anthony Hopkins) und der FBI-Agentin Clarice Starling (Jodie Foster), der das Erkennen des Wesens zum Thema hat:

Dr. Lecter:
Oberste Prinzipien, Clarice. Simplifikation… lesen Sie bei Marc Aurel nach. Bei jedem einzelnen Ding die Frage, was ist es in sich selbst? Was ist seine Natur? Was tut er, dieser Mann, den Sie suchen?
Clarice:
Er tötet Frauen!
Dr. Lecter:
Nein, das ist nebensächlich. Was ist das Vordringliche bei all seinem Tun? Die Frage ist, welche Bedürfnisse

er durch Töten befriedigt.
Clarice:
Abreaktion der Wut, Versuch gesellschaftlicher Anerkennung und Überwindung sexueller Frustration.
Dr. Lecter:
Nein, er begehrt. Das ist seine Natur.

Der Mensch also, der Mu erkennt, findet das, was in sich selbst ist: Das Ding in sich, das Ding an sich, das Ding als solches, demnach das Ding, das nur das Ding ist. Das Ding, das aus sich heraus, und damit absolut, besteht.

So ist in dem o.g. Beispiel nicht der Ärger der Punkt, um den es geht, im Film-Dialog nicht das Töten der Frauen („nebensächlich"), sondern für den Ärger, für das Töten, besteht eine tiefere Basis. Das, was den Menschen dazu bewegt, ärgerlich zu sein, zu töten. Das Motiv, die Motivation.

Mu ist der unbewegte Beweger, das Ur-Motiv, Mu ist seine eigene Ursache, sein eigener Grund. Mu ist Buddha-Natur (-Wesen).

Mu ist der Punkt, um den es geht.

„Ich will es jedem recht machen", Geht das?

Ich hatte einen Kollegen, dem konnte ich es einfach nicht recht machen. Sagte ich Ja, so sagte er Nein, sagte ich Nein, so sagte er Ja, er war immer dagegen, egal was, es ging ihm nie um die Sache, es ging ihm nur darum zu mir eine Gegenposition einzunehmen. Kann der Mensch es jedem recht machen?

Der Mensch macht es jedem recht, indem er es Mu recht macht. Er zielt also nicht ab auf jemanden wie den o.g. Kollegen, sondern auf Mu.

Mu passt jedem, weil Mu formlos ist.

Auf Mu abzuzielen, bedeutet Mu zu sein. Mu zu sein, gelingt durch das Erkennen von Mu, beispielsweise durch die Arbeit mit dem Kôan Mu.

Der auf Mu abzielende Mensch sagt also Ja, wenn es (Mu) Ja ist, er sagt Nein, wenn es (Mu) Nein ist, er unterscheidet gerecht. Er lässt sich im Gegensatz zu dem o.g. Kollegen nicht bedingen. Ihm geht es nur um die Sache, d.h. um Mu, und damit um unser aller Sache.

Oder wie es der große chinesische, daoistische Philosoph und Dichter Chuang-Tsu (Zhuangzi, um 365 – 290 v. Chr.) ausdrückte: *„Weit besser, als jedem Ja des Anderen ein Nein und jedem Nein des Anderen ein Ja entgegenzusetzen, ist der Weg zur Erleuchtung".*

„Bin ich arrogant oder selbstbewusst?"

Für einen meiner Bekannten ist jeder Mensch, der es besser weiß als er, arrogant. Doch vielleicht weiß dieser andere Mensch es ja tatsächlich besser und ist gar nicht arrogant, sondern selbstbewusst, und eben gerade der Bekannte ist nicht selbstbewusst, sondern arrogant, weil er das Bessere nicht zulassen möchte, um sich nicht minderwertig wahrzunehmen.

Wer weiß es besser?
Derjenige, der das Es erkennt, weiß es besser.

Das Erkennen des Es gelingt beispielsweise durch die Arbeit mit dem Kôan Mu, d.h. das Es ist Mu.

Dieses Besserwissen ist keine Arroganz, sondern ein gesteigertes, d.h. erhöhtes Wissen, dessen Steigerung (Erhöhung) nicht relativ, sondern absolut ist, d.h. dieses Wissen ist das Wissen um das Wissen, demnach das Wissen, das um sich gesteigert ist; die Steigerung ist also das Wissen.

Dieses Wissen lässt kein mehr und minder zu, d.h. dieses Wissen erschafft nicht den Gegensatz und damit nicht den Minderwert.

Der Selbstbewusste weiß um dieses Wissen, und damit um sich, d.h. er ist das Wissen.

Love it, leave it or change it … oder die Nicht-Entscheidung des Zen

Zur Lösung einer Situation wird dem Menschen oft der Rat gegeben „Love it, leave it or change it", also liebe, verlasse oder ändere die Situation. Zen hingegen bevorzugt zur Lösung die Nicht-Entscheidung.

Zen entscheidet (unterscheidet) nicht, das Nicht ist die Entscheidung, d.h. Zen ist die Nicht-Entscheidung.

Zen löst eine Situation also nicht durch eine willentliche Entscheidung, sondern durch die willenlose, d.h. absichtslose Nicht-Entscheidung.

Diese Nicht-Entscheidung gelingt dem Menschen umso mehr er ichlos geworden ist, d.h. durch die Formlosigkeit, die die Transzendenz ist, eine Anpassung an die Situation stattfindet, durch die er mit ihr absolut übereinstimmt. Er ist dann die Situation und versteht sie, indem er sich versteht.

Durch dieses absolute Verständnis vereint er alle Dinge. „Liebe es", „Verlasse es" und „Ändere es" werden eins.

Mehr kann einer Situation nicht entsprochen werden.

Je mehr sich der Mensch Zen widmet, beispielsweise durch die Arbeit mit dem Kôan Mu, desto mehr wird ihm diese Anpassung gelingen, d.h. er wird die Lösung sein.

„Wer eine Leere machen könnte aus sich selbst, leicht zu durchdringen für die anderen, wäre Meister aller Situationen."

Lao Tsu (Laotse)
chinesischer Philosoph
6. Jh. v. Chr.

„Ich fühle mich völlig wertlos", Kôan Mu

Der Mensch ist von Wert, von absolutem Wert.

Der sich wertlos fühlende Mensch zweifelt und sagt: „Ich würde diesen Worten ja gerne glauben, aber ich kann es so nicht fühlen."

Um die Worte glauben (fühlen) zu können, muss der Mensch den absoluten Wert, und damit Mu, erfahren.

Das Kôan Mu ist ein Instrument, das dem Menschen diese Erfahrung ermöglicht, denn es führt zu Mu, dem Wert an sich, dem Selbstwert.

Die Arbeit mit dem Kôan Mu ist Wahrnehmungsarbeit, d.h. der Mensch nimmt in dieser Arbeit all das, was er wahrnimmt und lässt es im Wahrnehmen los, nicht nur den Gedanken, den er denkt, sondern auch das Gefühl, das er fühlt. Er erforscht sich. Die Arbeit mit dem Kôan Mu ermöglicht dem Menschen so auch das Diffuse loszulassen, also das, was gedanklich nicht oder nur schwer in Worte zu fassen ist und vereint in diesem Loslassen (Leerwerden) alle Sinne des Menschen, bis der Mensch nur noch Mu im Sinn hat, Mu also der Sinn ist. Dann hat er sich vom Zweifel befreit.

Warum ist die Würde des Menschen unantastbar?

Warum ist die Würde des Menschen unantastbar? Vielleicht weil Artikel 1 des Grundgesetzes sie dazu erklärt? Nein.

Die Würde des Menschen ist unantastbar, weil sie jenseits des Seins liegt. Sie kann also aus ihrer Natur heraus nicht angetastet (berührt) werden. Dies bedeutet, dass jeder Mensch sie unter allen Bedingungen (Umständen) bewahren kann. Die Würde ist damit bedingungslos, d.h. absolut. Sie kann nicht relativiert werden, also nicht ein Teil sein, der nicht das Ganze ist.

Oder anders ausgedrückt:

Die Würde ist unteilbar. Wird sie geteilt, bleibt der Teil nach wie vor das Ganze, und damit die Würde. Das Nach bleibt das Vor, d.h. die Teilung ist ohne Auswirkung. Umsonst.

Gewalt, Die Unpünktlichkeit des Gesetzes

Dieser Beitrag entstand aufgrund der Gewalttat gegenüber Jonny K. auf dem Alexanderplatz in Berlin.

Muss erst eine gesetzliche Grenze überschritten werden, um eine Strafe auszulösen, muss ein Mensch also erst eine Gewalttat begehen, um für die Gewalttat bestraft zu werden, so ist dies ein Mangel in der Hinsicht, dass das Überschreiten bereits zu spät ist, d.h. das Kind ist schon in den Brunnen gefallen. Das Leid wurde bereits erschaffen, indem Gegensätze erschaffen wurden: Opfer und Täter. Das Gesetz greift (kommt) zu spät. Es ist unpünktlich.

Wie aber sollte sonst verfahren werden? Sollte der Mensch bereits vor einer möglichen gesetzlichen Grenzüberschreitung bestraft werden, dann also, wenn noch gar nichts passiert ist? Doch ist tatsächlich noch nichts passiert? Beginnt eine Gewalttat erst bei der Ausführung, oder ist die Ausführung nur die unvermeidliche Konsequenz nicht geklärter, den Menschen betreffenden Fragen?

Es gilt: Der Mensch erkennt seine Grenzenlosigkeit und damit seine Verbundenheit zu dem Anderen, er erkennt sich in ihm. Diese Grenzenlosigkeit ist seine Grenze, eine Nicht-Grenze, die nicht überschritten werden kann, weil sie schon überschritten wurde, d.h. kein Gesetz und keine Strafe werden ausgelöst. Damit aber besteht auch keine Möglichkeit zur Unpünktlichkeit.

Diese Nicht-Grenze ist das absolute Straf-System, ein Nicht-System, in dem die Strafandrohung der falsche Grund ist, um menschlich (gewaltlos) zu sein, d.h. die Strafe erfolgt durch das Sozusein des Menschen: Er ist, wie er ist, und damit im Erkennen aus sich heraus menschlich. Dieser Mensch übt keine Gewalt aus, auch wenn Gewalt nicht unter Strafe steht.

Die Meinungshoheit

Meinungshoheit, was ist das?

Einzig die Wahrheit ist die Meinungshoheit (Deutungshoheit) über die Dinge, d.h. die Wahrheit ist die absolute Meinung.

Diese Meinung hat recht, weil sie recht hat.

Nur sie bestimmt, wo es lang geht, nur sie zeigt die Richtung, nur sie sagt, wie die Dinge tatsächlich sind.

Aufgrund ihrer Absolutheit ist diese Meinung unabhängig (unbedingt), d.h. sie ist ohne Standpunkt und gilt daher für dich und mich.

Der Mensch, der die Meinungshoheit über die Dinge „haben" möchte, muss sich also um die Wahrheit bemühen, d.h. sich erkennen, dann ist seine Meinung über das Ding das Ding selbst.

Das Eheversprechen und die Berechtigung der Scheidung

Was wird bei einer Eheschließung versprochen? Und wie berechtigt ist eine Scheidung?

Es ist, wie es ist.

Es ist heute, wie es ist.
Es ist morgen, wie es ist.
Es ist übermorgen, wie es ist.
Etc.

Das Es ruht in der Zeit.
Das Es ruht in der Bewegung, die heute, morgen, übermorgen etc. ist.
Das Es ruht im Fortschreitenden.
Das Es ist somit bleibend, d.h. Es bleibt Es.
Das Es ist damit absolut.
Das Es ist die Wahrheit (Gott).

Einzig die Wahrheit kann versprochen werden, denn nur sie ruht in der Zeit, sie ist also immer die Wahrheit, somit das, was heute, morgen und auch übermorgen etc. gilt, d.h. die Wahrheit ist garantiert, nur sie ist treu.

Das Ja-Wort, das sich die Ehe-Schließenden geben, ist nicht das Ja zur Partnerin oder zum Partner, sondern das Ja zur Wahrheit, die Partnerin und Partner ist. Das Ja-Wort ist damit ein absolutes Wort, ein Nicht-Wort, d.h. das Ja-Wort ist die Wahrheit.

Wegen seiner Absolutheit kann dieses nicht zurückgenommen werden ... außer durch die Wahrheit, sie also ist ausgeschlossen, d.h. nur sie ist. Sie bewahrt die Bedingungslosigkeit (Freiheit) des Menschen, d.h. nur die Wahrheit bindet und trennt.

Das aber heißt, dass auch eine Scheidung die Wahrheit sein kann.

Die höchste Hürde eines Amoklaufs

Der folgende Beitrag entstand aufgrund des Amoklaufs in Newtown, Connecticut, USA.

Können Dinge wie ein Amoklauf ausgeschlossen werden?

Niemand kann diese ausschließen.

Das aber heißt, dass es dieses Niemand zu erreichen gilt, um dem Zustandekommen eines Amoklaufs die höchste Hürde zu geben, ihm also die absolute Bedingung aufzuerlegen, so dass nur die Bedingung übrig bleibt, über die gesagt werden kann: Dies war unvermeidlich, wir konnten nichts tun, es lag nicht in unserer Hand.

Ein Amoklauf darf also nicht unnötig sein.
Er darf nicht umsonst sein.
Er soll zustande gekommen sein aus dem Unvermeidlichen heraus.

Je mehr dies von der Gesellschaft verstanden wird, indem sie sich um dieses Niemand bemüht, umso mehr wird das Unvermeidliche vermieden.

Der Märtyrertod

Der Märtyrertod ist gewaltlos, er ist gottgewollt, d.h. Gott und der Märtyrer sind (ist) eins.

Dieser Tod obliegt einzig dem mündigen Menschen, dem freien Menschen, dem Gott-erkennenden Menschen.

Interessant (Gott) ist die „zeitliche Komponente" des Märtyrertodes, denn er ist ein regulärer Tod und doch ein Tod vor der Zeit.

Der Märtyrer stirbt also eines natürlichen Todes und wird doch vorzeitig durch eine Gewalt aus dem Leben gerissen. Eine Gewalt, die sich in ihm zur Gewaltlosigkeit wandelt, d.h. der Märtyrer gibt die erfahrene Gewalt nicht zurück, sondern löst sie in sich auf. Er beendet durch seinen Tod die Spirale der Gewalt. Er entzieht sie der Schöpfung.

Der Märtyrertod ist kein egoistischer, sondern ein selbstloser Tod. Gott stirbt. Es ist der Tod des Einen für alle. Der Tod aus dem Grund des Lebens. Der Tod um des Lebens Willen. Dieser Tod ist Leben. Ein Weckruf. Ein Erwachen. Ein Erneuern. Er ist das höchste (absolute) Sterben. Ein Sterben ohne Opfer. Ohne ist Gott, d.h. das Opfer ist Gott. Gott opfert sich.

Stirbt ein Mensch den Märtyrertod aus Egoismus (Gewalt), demnach aus Gründen außerhalb Gottes, so ist sein Tod kein Märtyrertod, sondern ein gewaltmehrender Tod, der nicht im Dienste des Lebens (Gott) steht.

Wie aber könnte ein Grund außerhalb Gottes liegen, wenn Gott doch alles ist? Diesen Widerspruch zu verstehen, bedeutet den wahren Märtyrer vom falschen zu unterscheiden.

Religion ist Gott

Was ist Religion?

Religion ist die Bindung zu Gott. Die Bindung ist transzendent, d.h. die Bindung selbst ist Gott, sodass gilt: Religion ist Gott.

Es gibt damit nur eine Religion.

Weil Gott alle Dinge ist, sind alle Dinge Religion, d.h. Weltlichkeit und Geistlichkeit sind eins. Der Mensch darf damit in der alltäglichen Weltlichkeit seine Menschlichkeit nicht ablegen. Er darf sich nicht nur in der sonntäglichen Geistlichkeit an sie erinnern.

Religion ist niemals entmündigend, niemals missbrauchend, sie ist immer absolut, niemals relativ, d.h. sie ist immer die Freiheit des Menschen. Sie befreit den Menschen von dem, was er nicht ist.

Religion ist aufgrund ihrer Absolutheit nicht von außen auf den Menschen übertragbar, kann ihm also nicht aufgezwungen werden, sondern geschieht einzig aus der Einsicht in Gott. Der Einsicht in das eigene Dasein.

Mu und Narzissmus

Mu ist ohne Narzissmus, d.h. Mu ist die Transzendenz.

Hat der Mensch Mu erkannt, beispielsweise durch die Arbeit mit dem Kôan Mu, so spiegeln ihn die Dinge nicht, d.h. Mu ist unreflektiert. Die Dinge grenzen ihn nicht ab, er ist ohne Ich.

Ohne ist das Ich,
d.h. das Ich ist leer,
d.h. Mu ist das Ich,
d.h. das Subjekt ist Objekt,
d.h. das Ich ist grenzenlos.

Die Grenzenlosigkeit erlaubt dem Menschen den Kontakt zur Außenwelt. Er ist also nicht in das Ich eingeschlossen, sondern von ihm befreit. Die Dinge sieht er damit nicht aus seiner Sicht, er sieht sie aus der Sicht des überwundenen Gegensatzes. Das ist das Hineinversetzen in das Andere, die Empathie, das Mitgefühl.

Dieser Mensch ist normal.

Bulimie, Der Spiegel der ewigen Schönheit

Dieser Beitrag entstand aufgrund eines Zeitungsartikels, in dem eine unter Bulimie leidende Frau beschrieben wird, die ihr ganzes Dasein vom Blick in den Spiegel abhängig macht. Ihr Ich verfälscht dabei ihren Blick, d.h. sie sieht nicht das, was wirklich ist.

Der Spiegel der Schönheit
ist der Spiegel der Wahrheit.

Dieser Spiegel ist nicht,
d.h. das Nicht ist der Spiegel,
d.h. der Spiegel ist die Transzendenz.

Wer in ihn hinein sieht, erkennt die Wahrheit,
das ist die Schönheit; sie ist ewig.

Dieser Spiegel zu sein,
ist das Essen und Trinken.

Zen und der Mensch in Haft

Der folgende Beitrag ist für den Menschen in Haft.

Zen ist die Frage „Was ist Mu?"
Die Frage „Was ist Mu?" ist die Frage „Wer bin ich?"

Sie ist die Frage aller Fragen, die ernsteste aller Fragen, die unabdingbare Frage, aus ihr ergeben sich alle Antworten.

Sie überwindet Verzweiflung, Einsamkeit und Gewalt.

Sie überwindet Trauer und Wut.

Sie überwindet Schuld und Unschuld, Täter und Opfer, Wächter und Insasse, sie überwindet alle Urteile.

Sie überwindet die Farbe der Haut, d.h. die Frage ist die Rasse.

Sie überwindet innen und außen, d.h. die Freiheit kommt durch.

Sie überwindet Zeit, Leben und Tod.

Sie überwindet (transzendiert) alle Dinge, und ist doch das Gegenteil des Stumpfsinns,
d.h. sie ist das Leben,
d.h. sie ist das Erlernen des Lebens,
d.h. die Weisheit lehrt,
d.h. der Mensch wird der bessere Mensch.

Diese Frage kann dem Menschen nicht genommen werden, denn sie ist eine absolute, d.h. unantastbare Frage. Unteilbar gehört sie allein dem Menschen, der sie stellt.

Der Mensch nutzt die Zeit (in der Haft) am besten, indem er sich um die Beantwortung dieser Frage bemüht. Wie? Durch die Arbeit mit dem Kôan Mu des Jôshû.

Positiv denken? Nein, Zen? Ja

Oft wird Menschen der Rat gegeben, sie sollen positiv denken, doch dieser Rat ist problematisch.

Mu ist Ja (Positiv) und Nein (Negativ) im selben Moment, d.h. Mu hat den Gegensatz (Dualismus) überwunden. Mu ist damit der Gedanke, der nicht ist, ein Nicht-Gedanke. Ein leerer Gedanke, ein gedankenloser Gedanke.

Denkt der Mensch diesen Nicht-Gedanken, so denkt er nicht, sondern er ist, d.h. die Realität wird durch sein Denken nicht verfälscht. Das, was dieser Mensch denkt, ist tatsächlich. Das, was dieser Mensch denkt, ist nicht realitätsfremd.

Die Dinge (Umstände) zu sehen, wie sie tatsächlich sind, ist der einzige Weg, sie zum Besseren zu verändern. Dieses ehrliche Sehen ist bereits die Veränderung.

Der Rat, der jedem Menschen also zu geben ist: Erkenne dich selbst, erkenne Mu. Beantworte die Frage, wer du bist. Ein Rat, den man das Praktizieren von Zen nennen könnte.

Ein Instrument zur Selbsterkenntnis ist das Kôan Mu des Jôshû.

Wird dem Menschen hingegen der Rat gegeben, einzig positiv zu denken, so wird die Gegenseite, also das

Negative, außer Acht gelassen, doch das Negative ist benötigt, damit das Positive überhaupt positiv sein kann, d.h. manches, was der Mensch in seinem Leben als negativ ansieht, ist gar nicht negativ, sondern ermöglicht erst das Positive.

Sozial ist, was Arbeit schafft? Nein

Immer wieder wird die Aussage „Sozial ist, was Arbeit schafft" bemüht, doch auch das ständige Wiederholen lässt die Aussage nicht näher an die Wahrheit rücken.

Es gilt das folgende:

Sozial ist einzig, was den Menschen erschafft,
d.h. sozial ist der Mensch,
d.h. der Mensch ist dem Mensch verbunden,
d.h. die Verbindung ist sich,
d.h. der Mensch ist absolut,
d.h. er ist bedingungslos,
d.h. er muss nicht arbeiten, um Mensch zu sein,
sondern er muss Mensch sein, um Mensch zu sein,
d.h. Mensch zu sein, ist seine Arbeit,
ist seine Produktivität,
ist sein Wert,
ist seine Motivation,
ist seine Leistung.

(Anmerkung: Aufgrund der Unteilbarkeit (Bedingungslosigkeit) des Menschen könnte die Aussage „Sozial ist, was den Menschen erschafft" auch lauten „Sozial ist, was die Würde erschafft", wie auch auf den Wahlplakaten der Piratenpartei zur Bundestagswahl 2013 zu lesen war).

Die Deckung des Geldes

Ohne eine Deckung ist Geld nur bedrucktes wertloses Papier. Seinen Wert erhält Geld erst durch die Bindung an etwas. Doch an was? Woran sollte Geld gebunden sein? Vielleicht an Gold? Vielleicht an das Militär? Oder an das Öl? Oder vielleicht an die Arbeitskraft des Menschen?

Je mehr der Mensch Mensch ist, er also mit sich übereinstimmt, desto produktiver ist er, d.h. sein menschlicher Ausdruck, seine Kreativität (Schaffenskraft), wird nicht beeinträchtigt durch etwas, was er nicht ist.

An dieses Mehr ist Geld zu binden.

Dieses Mehr ist ohne Anfang und ohne Ende, d.h. das Ohne ist Anfang und Ende. Oder anders ausgedrückt: Das Nichts ist das Sein.

Ist Geld an dieses Mehr gebunden, d.h. durch dieses Mehr gedeckt, so entsteht es also aus dem Nichts, wohlgemerkt aus dem absoluten Nichts, nicht aus dem relativen Nichts, wie etwa der US-Dollar.

Das Entstehen von Geld aus dem absoluten Nichts bewahrt den Wert des Menschen. Das Entstehen aus dem relativen Nichts hingegen verkauft ihn, veräußert das Unveräußerliche. Das, was umsonst (frei) ist, also keinen Preis benennt, erhält ein Preisschild.

Die Korrektur der eigenen Erziehung

Viele Menschen leiden unter ihrer Erziehung und werden die Fehler, die gemacht wurden, nicht los. Sie leiden ihr gesamtes Leben, auch dann noch, wenn die Erzieher längst verstorben sind.

Kann der Mensch seine Erziehung korrigieren?

Mu (Leere) ist absolut,
d.h. alle Dinge sind nicht (leer),
d.h. das Nicht ist das Sein der Dinge.

Religiös ausgedrückt ist Mu Gott (Buddha).

All das, was nicht Gott ist, ist Fehler,
d.h. Gott ist ohne Fehler.

In Gott ist der Vater der Sohn,
d.h. Gott ist sein eigener Nachfahre,
d.h. in Gott erfolgt die Übergabe des Seins fehlerlos.

Der Mensch also, der sich um das Absolute bemüht, unabhängig davon, ob er das Absolute, also das Namenlose, als Mu bezeichnet oder religiös benennt, erfährt durch das Bemühen eine fehlerlose Erziehung, d.h. er korrigiert seine eigene Erziehung und wird zu dem, was er wirklich ist.

Das Bemühen um das Absolute gelingt durch die Arbeit mit dem Kôan Mu.

Der Neoliberalismus und die tatsächliche Freiheit

Dieser Beitrag entstand aufgrund der Rede von Bundespräsident Gauck zum 60-jährigen Bestehen des Walter-Eucken-Instituts (16.01.2014). In ihr spricht er sich für den Neoliberalismus aus.

Der Neoliberalismus ist gegen den Menschen gerichtet. In ihm kann der Mensch nicht frei sein. In ihm beruht die Freiheit des Einen auf der Unfreiheit des Anderen.

In der tatsächlichen Freiheit ist die Freiheit des Einen auch die Freiheit des Anderen, d.h. die Freiheit ist unteilbar; sie ist absolut.

In dieser Freiheit werden die Dinge der Schöpfung gerecht (frei) verteilt, d.h. die Gerechtigkeit verteilt. Oder anders ausgedrückt: Die Unteilbarkeit verteilt.

Diese Verteilung ist bedingungslos, d.h. die einzige Bedingung, die dem Menschen gestellt werden kann, um in ihren Genuss zu gelangen, ist Mensch zu sein. Die Bedingung lautet also nicht: Arbeite, sondern sei Mensch.

Mensch zu sein, ist die Arbeit des Menschen, durch sie ist er frei.

Dies ist das Gegenteil sowohl der Ausbeutung durch den Neoliberalismus, wie auch der nationalsozialistischen Aussage: „Arbeit macht frei".

Der von sich entfernte Soldat

Der folgende Beitrag ist für den Soldaten, der Schaden an Leib und Seele genommen hat.

Der Mensch, der Soldat ist und durch seine Einsätze die Bindung zu sich verloren hat, sich also von sich entfernte, und damit die Einsätze nicht verkraftete, hat erkennen müssen, dass es eine Kraft gibt, die stärker ist als der Wille.

Was braucht dieser Mensch?

Er braucht Ruhe, d.h. Gedankenstille. Mu ist Gedankenstille (Leere).

Sie zu erhalten, gelingt ihm, indem er sich um das Erfahren (Erkennen) von Mu bemüht, beispielsweise durch die Arbeit mit dem Kôan Mu.

Durch dieses Bemühen wird er gedankenlos, seine Gedanken kommen zur Ruhe, d.h. er kommt zur Ruhe, denn das Ich des Menschen ist nur ein Gedanke.

Die fehlerhafte Aufrechnung des Glücks

Viele Menschen rechnen so:

„Ich hab einen Job,
ich hab eine(n) Partner(in),
ich hab eine Wohnung,
ich hab ein Auto,
etc.

… folglich muss ich glücklich sein."

Diese Aufrechnung (Folgerung) ist falsch, sie ist relativ, d.h. sie versucht das Unteilbare, und damit das Glück, in Teilen zusammenzusetzen. Für das Glück aber gilt die absolute Aufrechnung, sie sagt:

„Egal, was ist, ich bin (glücklich)", d.h. das Glück ist unabhängig von den Dingen (Umständen). Es ist unbedingt.

Wer das Glück finden möchte, muss also erkennen, dass er sich braucht, um (glücklich) zu sein, dann ist er auch all das, was er hat, d.h. sein Haben ist das Sein. Wird ihm etwas genommen, so ist er nicht weniger, wird ihm etwas gegeben, so ist er nicht mehr. Er bleibt, der er ist. Das ist, was aus seiner Habe zu folgern ist.

(Anmerkung: Die absolute Aufrechnung des Glücks verhält sich wie etwa die Nicht-Zahl Pi. Auch Pi kann nicht durch Addition erhalten werden.)

Die Emanzipation von Frau und Mann

Der Mensch ist Frau und Mann,
d.h. die Wahrheit ist weiblich und männlich.

In der Wahrheit besteht keine Reihenfolge (Hierarchie); das ist ihre Gerechtigkeit, d.h. zuerst kommt die Frau, und zuerst kommt der Mann, beide nehmen denselben Platz ein. Das Und ist bindungslos (transzendent).

Religiös ausgedrückt: Es gibt in Gott keine Reihenfolge, d.h. erst kommt Gott und dann kommt Gott, Gott ist also Anfang und Ende.

Der Mensch wird frei (emanzipiert), wenn er sich um die Wahrheit bemüht, beispielsweise durch die Arbeit mit dem Kôan Mu.

Gelingt dieses Bemühen, so hat er sich verwirklicht.

Nur in der Wahrheit ist das Gegen des Gegensatzes aufgehoben, d.h. Frau und Mann verstehen sich nicht als Gegner.

Der einzige Feind des Menschen

Wer sind die Feinde des Menschen?

Der Mensch hat keine Feinde, außer seiner eigenen Ignoranz (Verblendung). Sie ist die einzige Bedrohung. Sie verhindert den Anderen als Mensch wahrzunehmen. Ihn als sich selbst zu erkennen.

Ohne diese Ignoranz ist die Welt eins, d.h. der Mensch ist Menschenfreund. Nicht eine Nation oder Rasse führt dann über eine andere, sondern die Menschlichkeit führt. Die Menschlichkeit ist dann Nation und Rasse. Die Menschlichkeit ist dann das Zuhause.

Zu bekämpfen ist also nicht etwa der Russe oder eine sonstige Nation, sondern die Ignoranz.

Für alle die, die in ihr wieder nach Krieg rufen, wie sehr sie dieses Rufen begrifflich auch verschleiern, und vergessen haben, was Krieg bedeutet, eine mahnende Erinnerung:

Harry Patch (1898 - 2009), Soldat des Ersten Weltkriegs:

„Ich traf auf einen Kerl aus Cornwall, der war von den Schultern bis zu der Hüfte mit Schrapnellsplittern zerfetzt worden. Er lag in einem Bad aus Blut und seinen eigenen Eingeweiden. Als ich mich zu ihm kniete, sagte er: ‚Erschieß mich!' Noch bevor ich ihn erschießen

konnte, war er schon tot. Das Letzte, was er noch sagen konnte, war: ‚Mutter'. Dieses ‚Mutter' hat mich mein Leben lang verfolgt."

Beziehung, Wenn der Mann zum Trottel wird

Ich machte in meinen früheren Beziehungen immer wieder den Fehler mich nach der Frau zu richten, statt nach dem Absoluten, das Frau und Mann ist. Ich verwendete zur Orientierung also den falschen Maßstab, wodurch mir das passierte, was ich auch von anderen Männern her kenne, nämlich dass du als Mann selbstbewusst in die Beziehung hineingehst und sie wie ein Häufchen Elend wieder verlässt. Du gehst hinein, um mit der Frau die Welt zu erobern und bist, nachdem du einige Zeit mit ihr zusammen warst, so schwach, dass du sie am liebsten, wie ein kleines Kind, fragen möchtest, ob du mal aufs Klo darfst. Alles Selbstbewusstsein des Beginns ist weg, bei allem, was du tust, schaust du nur noch, ob es ihrer Begutachtung standhält.

Was ist da geschehen? Alles begann doch so hoffnungsvoll.

Das Beschriebene zeigt eine allmähliche Unterwerfung unter die eigene Partnerin. Wollte die Partnerin das so? Wollte sie aus dem Mann ein kleines Kind machen, das sich nichts mehr zutraut? Nein, nicht bewusst, auch ihr wäre es lieber, der selbstbewusste Mann des Anfangs wäre selbstbewusst geblieben. Sie wollte kein Kind, sondern einen Mann.

Um diesen schleichenden Prozess zu verhindern, darf die Partnerin nicht auf ein Podest gestellt werden, das sie relativ erhöht und damit statt der Freiheit Abhängigkeit erschafft. Nicht sie darf für ihn das Höchste sein, sondern nur das Absolute, das dann auch sie ist. Dann wird sie als Mensch angesehen; das ist die Sicht der Liebe, das höchste Kompliment.

So gilt es der Partnerin zu widersprechen, wenn ihre Meinung von der Meinung des Absoluten, d.h. der Meinung, die die Wahrheit ist, abweicht. Ob die Meinung abweicht, erkennt der Mann umso mehr er die Frage „Wer bin ich?" beantwortet. Je mehr aber die Frau diesen berechtigten Widerspruch nicht duldet, was umso mehr der Fall ist, je weniger sie weiß, wer sie ist, umso mehr begünstigt sie, dass der starke Mann zum schwachen wird, zu einem Trottel, der sich nichts mehr zutraut und den sie schließlich verachtet. Je weniger sie weiß, wer sie ist, tut sie also etwas, was sie selbst nicht tun will.

Der Widerspruch des Mannes, der dann tatsächlich nicht der des Mannes ist, sondern der der Wahrheit, trägt also dazu bei, dass der Mann Mann ist und die Frau Frau und sich nicht ein relatives Gebilde von Mama und Kind ergibt. Er kommt beiden, und damit der Beziehung, zugute.

Keinesfalls geht es um eine Schuldzuweisung gegenüber der Frau oder dem Mann, sondern es gilt zu verstehen, dass beide in ihrer Beziehung eine destruktive Dynamik in Gang setzen, je weniger jeder für sich weiß, wer er ist, also je weniger jeder für sich die Struktur des Absoluten durchschaut. Sie zu durchschauen, gelingt durch die Arbeit mit dem Kôan Mu.

Der gläserne Mensch

Seit Edward Snowden wissen wir um die Abhör-Methoden der NSA (National Security Agency).

Darf eine Gesellschaft abgehört werden?

Die Gläsernheit des Menschen darf nur die Transzendenz sein. Sie ist das gewaltlose Durchleuchten (Durchschauen). Dies ist religiös ausgedrückt der Spruch: „Gott sieht alles". Sein Sehen ist erlaubt, denn es ist eine Nicht-Beobachtung, also ein Beobachten, das absichtslos ist, das bedingungslos ist, ein Beobachten, das nichts will und sich damit beispielsweise auch nicht zur Erpressung eignet.

Der Mensch möchte, dass das Absolute sein beobachtender Begleiter ist, denn es führt ihn zu sich. Tatsächlich ist er selbst der Beobachter.

Meister Eckhart (1260 – 1328), Theologe, Philosoph, Dominikaner:

„Soll mein Auge die Farbe sehen, so muss es ledig sein aller Farbe. Sehe ich blaue oder weiße Farbe, so ist das Sehen meines Auges, das die Farbe sieht - ist eben das, was da sieht, dasselbe wie das, was da gesehen wird mit dem Auge. Das Auge, in dem ich Gott sehe, das ist dasselbe Auge, darin mich Gott sieht; mein Auge und Gottes Auge, das ist ein Auge und ein Sehen und ein Erkennen und ein Lieben."

Ist das Durchleuchten aber nicht die Transzendenz, so ist es Gewalt und steht dem Kampf gegen Gewalt (Terror) selbst im Wege, wird also selbst zum Terror.

Plapper nicht nach, finde deine eigenen Worte

Da ist der Mitarbeiter, der all das nachplappert, was vom Management kommt, da ist die Sprechstundenhilfe, die all das nachplappert, was ihr Chef, der Arzt, sagt, da ist der Intellektuelle, der all das nachplappert, was er gelesen hat.

Dies und das sagt der, aber was sagst *du*? Was sind deine Worte?

Mu kann nicht wiederholt werden, weil Mu das Zweite (Andere) nicht kennt, weil auch das Zweite Mu ist.

Religiös ausgedrückt:

Gott kann nicht wiederholt werden, nicht nachgeahmt werden, nicht nachgeplappert werden. Wenn Gott sagt, wer er ist, sich also vorstellt, indem er sagt: „Ich bin, der ich bin" (Bibel, Exodus, 3.14), dann ist das zweite „Ich bin" keine Wiederholung des ersten „Ich bin", sondern das Keine ist die Wiederholung, d.h. das Nicht ist sein Sagen, das Schweigen seine Worte.

Hieraus folgt:

Um echt zu sein, um glaubwürdig zu sein, um sich selbst zu sein, um unverwechselbar zu sein, muss jeder Mensch seine eigenen Worte für die Dinge finden. Das Erkennen von Mu, beispielsweise durch das Kôan Mu, wird ihm dies ermöglichen.

Die Akzeptanz des Unfassbaren

Manche Menschen erleiden Schlimmes, erleben unfassbare Dinge, verlieren beispielsweise bei einem Autounfall einen geliebten Bekannten etc.

Was kann Zen tun, um zu helfen?

Das Absolute, sei es Mu oder Gott benannt, ist fassungslos,

d.h. die Fassung von Mu ist Mu,

d.h. Mu umfasst die gesamte Schöpfung, Mu umfasst all das, was ist,

d.h. Mu kann alles aufnehmen, alles erfassen, Mu wird es nie zu viel, Mu läuft niemals über.

Mu kennt also nicht die Aussage: Das fass ich nicht.

Zen hilft dem Menschen das Unfassbare zu akzeptieren, indem er sich um Mu bemüht, etwa durch das Kôan Mu des großen Zen-Meisters Jôshû Jushin. Er erweitert durch dieses Bemühen sein Fassungsvermögen, er verschiebt seine Grenzen, bis er an keine Grenzen mehr stößt. Dann kann er mit dem Erlebten leben.

Der kategorische Imperativ von Kant und das Nicht-Handeln, das Zen ist

Der kategorische Imperativ von
Immanuel Kant (1724 - 1804) sagt:

„Handle nur nach derjenigen Maxime, durch die du zugleich wollen kannst, dass sie ein allgemeines Gesetz werde."

Zen sagt:

Handle nicht,
d.h. handle das Nicht,
lass also das Nicht dein Handeln sein,
d.h. handle Mu,
d.h. handle Gott,
Handeln ist damit überflüssig, bleibt Gott.

Das ist die Maxime, die Allgemeingültigkeit und das Gesetz.

D.h. nur das Nicht-Handeln ist vernünftig.

„Das Gott", Der Artikel von Gott

Kann man „das Gott" sagen, wie eine ehemalige Familienministerin mal behauptete?

Gott ist im selben Moment weiblich und männlich, d.h. Gott ist sie und er, Gott ist die und der, Mutter und Vater.

Weil Gott damit den Gegensatz überwunden hat, ist er neutral, ein Neutrum, wohlgemerkt ein absolutes Neutrum, kein relatives. Gott ist also nicht etwa 50 Anteile weiblich und 50 Anteile männlich, sondern 100 Anteile weiblich und 100 Anteile männlich und doch ist die Summe seiner Anteile lediglich 100. Der jeweilige Teil ist das Ganze.

Dieses Neutrum ist „das Gott", d.h. die ehemalige Familienministerin hat recht, wenn sie damit das absolute Neutrum meinte. Ich kann mir eher nicht vorstellen, dass ihr diese Problematik bekannt war. Gut ist dennoch darauf hinzuweisen, dass Gott nicht nur männlich ist, also nicht der Eindruck entsteht, dass das Männliche über dem Weiblichen steht. Der Hinweis ist Absage an jedes Patriarchat.

Wird Gott aber fälschlicherweise als das relative Neutrum verstanden, so wird Gott entfraut (entmannt), d.h. die Frau darf nicht Frau sein, der Mann nicht Mann. Dies schadet der Beziehungsfähigkeit des Menschen.

Gott ist also absolut geschlechtslos (geschlechtsneutral), nicht relativ geschlechtslos, d.h. das Geschlecht von Gott ist Gott.

Oder anders ausgedrückt: Der Artikel von Gott ist Gott.

Baron Münchhausen: Am eigenen Schopf aus dem Sumpf ziehen, Das geht nur in Zen

Sich wie Baron Münchhausen am eigenen Schopf aus dem Sumpf ziehen, geht das? Ja, aber nur in Zen.

In Zen sind die Gegensätze eins, d.h. der Dualismus ist überwunden, Subjekt ist Objekt.

Praktiziert der Mensch Zen, bemüht er sich also um eine Antwort auf die Frage „Wer bin ich?", so kommt er schließlich dahin, dass er die Dinge unreflektiert wahrnimmt, d.h. dieser Mensch sieht die Transzendenz. Er sieht das Sein, das nicht ist.

Sieht dieser Mensch also in den Spiegel der Transzendenz, so reflektiert dieser Spiegel nicht, sondern der Mensch ist selbst der Spiegel. Er ist Betrachter und das zu Betrachtende, er ist Projektor und Leinwand, er ist Handelnder und das zu Behandelnde im selben Moment.

Der Mensch, der in einer Misere (Sumpf) steckt, kann sich so durch Zen selbst am eigenen Schopf aus dem Sumpf herausziehen.

Eine Möglichkeit Zen zu praktizieren, gibt das Kôan Mu des großen Zen-Meisters Jôshû Jushin.

Die Egozentrik Gottes, die keine ist

Alles dreht sich nur um Gott und doch ist Gott nicht egozentrisch,

d.h. Gott ist sein eigener Mittelpunkt,
d.h. jeder Punkt in der Schöpfung (Universum) ist Mittelpunkt.

Interessant ist dabei, dass in dem mittelalterlichen Streit zwischen Galileo Galilei (1564 – 1642) und der Kirche in der Frage, ob die Erde im Mittelpunkt stehe und sich alles, auch die Sonne, um die Erde drehe, die Kirche recht hatte, wenn sie die Erde als Gott, als Gottes Schöpfung, verstand.

Nicht religiös ausgedrückt:

Im Mittelpunkt zu stehen und doch nicht egozentrisch zu sein, lässt den Menschen, der sich erkannt hat, der also die Frage „Wer bin ich?" beantwortet hat, niemals im Rampenlicht stehen, sondern nur in dem Licht seiner eigenen Erleuchtung.

Sein Ich ist ichlos.

Dieser Mensch tut die Dinge nicht, um sich wichtig zu tun, sondern um zu tun, was zu tun ist. Er tut die Dinge absichtslos. Dieses absichtslose Tun ist der perfekte Selbstausdruck, die perfekte Selbstdarstellung. Gott tut.

„Für mich bedeutet Kampfkunst letzten Endes sich ehrlich auszudrücken. Nun, das ist sehr schwierig zu tun. Ich meine, es ist leicht für mich eine Show zu machen und großspurig zu sein, und überschwemmt von dem Gefühl der Großspurigkeit, und mich dann ziemlich cool zu fühlen und all das. Oder ich kann alle Arten von unechten Dingen machen, verstehen Sie, was ich meine? Und davon geblendet sein. Oder ich kann Ihnen einige wirklich schicke Bewegungen zeigen, aber sich ehrlich auszudrücken, sich nicht zu belügen, das ist sehr schwierig..."

Bruce Lee
1940 - 1973

IWF: Negativzins? Nein, Positivzins? Nein

Auf einem Finanzportal war folgende Überschrift zu lesen: IWF beschreibt ausweglose Lage: Zinserhöhungen bergen ebenso hohe Risiken wie Leitzinsen, die zu lange auf rekordniedrigen Niveaus verharren...

Zinserhöhung geht nicht, Zinsverminderung geht nicht. Was sagt Zen zu dieser Ausweglosigkeit?

Zen weiß: Ist das Ja (Erhöhung) versperrt und ist das Nein (Verminderung) versperrt, besteht also eine Ausweglosigkeit, so wird der Ausweg aus der Ausweglosigkeit nur durch einen Nicht-Gegensatz gefunden, also einen Gegensatz, der keiner ist, d.h. der IWF müsste einen zinslosen Zins in seine Betrachtung ziehen, einen Nicht-Zins. Dieser erhöht, wenn zu erhöhen ist, vermindert, wenn zu vermindern ist, trifft also, egal wie gedreht, immer die richtige Entscheidung. Er wäre, „ähnlich" wie die Kreiszahl Pi, eine transzendente Zahl.

Der Nicht-Zins wäre also das transzendente Element, durch das der IWF einen Ausweg finden würde. Doch dieses Element entspricht der Menschlichkeit, es ist der freie Mensch ausgedrückt als Zahl, d.h. der IWF müsste seine Strategie, den Menschen durch Schulden von sich abhängig zu machen, um ihn auszubeuten, verlassen.

Eine andere Möglichkeit gibt es nicht.

„Guter Cop, böser Cop", Nicht mit Gott

oder: Die Sprachlosigkeit des Menschen

Der Mensch, der ichlos ist, ist gedankenlos, d.h. der Nicht-Gedanke, der Mu ist, ist sein Ich. Er sagt, was er denkt, drückt also seine Gedankenlosigkeit, sein Leersein, d.h. sein Gottsein, bedingungslos aus, während der, der sagt, was er denkt, was Menschen hören möchten, noch bedingt ist, also sein Ich noch nicht abgelegt hat.

Dies bedeutet aber, dass der bedingte Mensch durch Fragen der Menschen in die Enge getrieben werden kann, während dies bei dem bedingungslosen Menschen nicht möglich ist. Letzterer ist nie um eine Antwort verlegen, er hat immer eine Antwort, und zwar die Richtige. Er ist jenseits von Frage und Antwort, d.h. Gott antwortet durch ihn.

Nicht in die Enge getrieben heißt, dieser Mensch kann nicht in den Verstand verstrickt werden. Dies heißt aber auch, dass Gott nicht verhört werden kann. Er kann nicht gezwungen werden zu gestehen, dass er Gott ist.

Oder anders ausgedrückt: Gott kann nicht in Widersprüche verwickelt werden, weil er zu nichts im Widerspruch steht. Gott verliert damit auch nie die Fassung, weil er keine hat, Gott ist fassungslos (formlos). „Guter Cop, böser Cop" kann man mit ihm nicht spielen, denn er hat Gut und Böse überwunden.

„Nur der, der das Selbst im Herzen verwirklicht hat, hat die Wahrheit erkannt. Indem er die Dualität transzendiert, ist er nie perplex (verlegen)."

Sri Ramana Maharshi
1879 - 1950

Zen beendet alle Bücher

Der Mensch, der Zen praktiziert, beispielsweise durch die Arbeit mit dem Kôan Mu, erhält das Wissen um den Menschen (bzw. das Wissen um das Leben) aus sich heraus, d.h. er entnimmt das Wissen aus den ihn umgebenden Dingen, die er durchdringt. Er entnimmt das Wissen transzendent.

Dieses Wissen ist ohne Lehrenden und ohne Lernenden, es ist einfach da. Spontan. Dieses Wissen ist das ganze Wissen, Allwissen. Dieses Wissen ist Weisheit. Dieses Wissen ist Erkenntnis. Jeder Mensch hat zu ihm Zugang, d.h. dieses Wissen ist gerecht.

Dieses Wissen ist nicht angelesen, sondern erfahren, d.h. der die Transzendenz erfahrende Mensch braucht keine Bücher mehr. Er mag unterhaltende Romane lesen, er mag in einer Biographie vielleicht mal eine Jahreszahl nachschlagen, vielleicht mal ein Zitat suchen etc., nicht mehr aber liest er Bücher, um zu wissen, weil er schon weiß. Zen beendet alle Bücher.

„Ich weiß, dass die Wahrheit jenseits von Intellekt und Wort liegt. Weshalb also sollte ich den Geist damit befassen zu lesen und zu lernen? Das tut man nur solange, bis man die Wahrheit erkannt hat. Wenn dieses Ziel erreicht ist, ist es unnötig, sich weiterhin mit Studien zu befassen."

Sri Ramana Maharshi
1879 - 1950

Mu: Das einzige Perpetuum Mobile

Mu ist das einzige Perpetuum Mobile.

In Mu ist der Gegensatz (Dualismus) überwunden,
d.h. nicht nur das Eine ist Mu, sondern auch das Andere,
d.h. das Eine und Andere ist Mu,
d.h. alles ist eins.

Weil alles eins ist, d.h. keine Teile beansprucht werden, sondern das Keine der Teil ist, gibt es keine Reibung. Mu ist damit ohne Reibungsverlust (Energieverlust).

Geht Mu also rein, dann geht auch Mu raus,
d.h. rein ist raus,
d.h. Mu ist die vollkommene Regeneration.

Religiös ausgedrückt ist diese Regeneration Gott, d.h. der Sohn, der der Vater ist. Das Sein wird fehlerfrei übergeben.

Was hat der Mensch davon, wenn er weiß, dass Mu Perpetuum Mobile ist? Er weiß dann, dass ein System umso mehr funktioniert, je mehr das System systemlos ist.

„Nimm das, was dich veranlasst...", Das tiefe Loslassen, das Zen ist

Zen geht in seiner Wahrnehmung sehr, sehr tief, unendlich tief, d.h. durch die Arbeit mit dem Kôan Mu wird die Wahrnehmung des Übenden feiner und feiner, bis er schließlich die Unendlichkeit (Mu, Gott) wahrnimmt. Feiner und feiner, wie ein Kreis, der vollkommener wird, indem die Eckenanzahl ständig zunimmt. Es geht also nicht nur um eher grobe Dinge wie Gedanke, Gefühl oder Wille, die loszulassen sind, um leer zu werden, sondern jede noch so kleine und kleinste Erhebung in der Wahrnehmung wird schließlich als Unterbrechung der Frage „Was ist Mu?" erkannt; und damit als etwas, was noch abzulegen ist. Sieht dieser übende Mensch einen Tisch, nimmt er also einen Tisch wahr, so erkennt er dies als Unterbrechung der Frage und zieht sich wieder zur Frage zurück, d.h. er klärt, was der Tisch ist. Erkennt er, was der Tisch ist, wird er also nicht mehr unterbrochen in der Wahrnehmung des Tisches, so ist der Tisch Mu, d.h. der Tisch ist da, ohne da zu sein, d.h. leer ist sein Dasein, das Objekt Tisch ist, wie auch das Subjekt, verschwunden. Nichts zu Erkennendes und keinen Erkennenden. Es könnte also lauten: **Nimm das, was dich veranlasst** zu sagen, das ist ein Tisch, und lass es los, d.h. zieh dich zur Frage zurück, nimm das, was dich veranlasst zu sagen, das ist eine Banane, und lass es los, d.h. zieh dich zur Frage zurück, nimm das, was dich veranlasst zu sagen, das Ding dort ist grün, und lass es los, d.h. zieh dich zur Frage zurück etc., bis alle Dinge verschwunden sind und keine Erhebung, keine

Unterbrechung, keine Trennung von der Welt mehr stattfindet, du also die Welt bist und es nichts mehr gibt, dass an deiner Wahrnehmung anhaftet, du so die Dinge von ihrer Eigenschaft befreit und ihre Formlosigkeit erkannt hast. Die Dinge werden dann nicht mehr durch das Ich verfälscht, sondern belassen, wie sie sind, d.h. der Mensch nimmt kein Abbild des Dinges, sondern das Ding selbst. Er nimmt das Echte, das Wahre. Religiös ausgedrückt nimmt er Gott, nicht ein Abbild von Gott.

Dieser Mensch hat alles losgelassen. Dieser Mensch ist von allem leer. Dieser Mensch ist unbedingt.

Dieser Mensch ist frei.

„Auf der fünften und höchsten Ebene (ken-chû-to) durchdringen sich Form und Leere in solchem Maße, dass man sich keines von beiden mehr bewusst ist. Alle Vorstellungen über Satori und Verblendung verschwinden vollends. Das ist das Stadium vollkommener innerer Freiheit."

Tozan Ryokai, erster Patriarch der Sôtô-Sekte in China, aus: „Fünf Grade der Erleuchtung"
807 – 869

„Wenn der Geist, der die Ursache aller Erkenntnisse und aller Handlungen ist, still wird, verschwindet die Welt."

Sri Ramana Maharshi
1879 - 1950

*„Da alles Leere ist von Anbeginn -
Wo heftete sich Staub denn hin?"*

Zen-Meister Huang-po
9. Jh.

„Nicht sehen kannst du den Seher, der sieht, nicht hören kannst du den Hörer, der hört, nicht verstehen kannst du den Versteher, der versteht, nicht erkennen kannst du den Erkenner, der erkennt."

Yajnavalkya, Weiser, „Atman, das wahre Selbst", Einssein mit Brahman

„… Natürlich verstehen Sie das in der Theorie. Aber theoretisches Verständnis ist wie ein Bild: Es ist nicht das Ding selbst, sondern nur dessen Darstellung. Lassen Sie die logischen Gedankengänge fahren, und packen Sie das wahre Ding!"

Yasutani Rôshi
1885 – 1973, zu einem Schüler

Die soziale Komponente Gottes

Gott basiert auf Gott, Gott ist so seine eigene Basis, seine eigene Wurzel.

Gott entstammt also aus sich.

Vielleicht wird dies deutlicher, wenn man die Frage stellt, wer Gott zu Gott machen sollte? Ein Minister, ein Präsident, ein Parlament, ein Papst, ein König, ein Volk, eine Wahl etc.? Nein, nur Gott kann Gott zu Gott machen, etwas was er, wie aus dem Satz bereits zu sehen ist, eh schon ist. Gott war also da, bevor er da war. Vor der Zeit und nach der Zeit und damit ewig.

Gott erhebt sich also aus sich und wird nicht von außerhalb seiner erhoben. Gott ist damit der Souverän, (lateinisch) der über allem Stehende. Weil er aber seine eigene Basis ist, ist dieses Über nicht relativ, sondern absolut, d.h. Gott steht über Gott, oder anders ausgedrückt: Über und unter sind eins. Dies ist die soziale Komponente Gottes.

Gott ist damit klassenlos, er gehört dem Oberen und dem Unteren. In ihm besteht nur die eine Klasse der Menschlichkeit.

Jede Gesellschaft, die lebenswert (sozial) sein möchte, muss sich nach dieser Komponente richten.

„Wenn sie zu euch sagen: ‚Woher kommt ihr?' dann sagt zu ihnen: ‚Wir kommen aus dem Licht, von dort, wo das Licht aus sich selbst heraus geboren ist. Es hat sich durch sich selbst erschaffen und ist in ihrem Bild erschienen.' Wenn sie zu euch sagen: ‚Seid ihr es denn schon?' dann sagt: ‚Wir sind dessen Kinder und wir sind die Auserwählten (die Ganz gewordenen) des lebendigen Vaters.' Wenn sie euch fragen: ‚Welches ist das Zeichen eures Vaters in euch?' sagt zu ihnen: ‚Es ist Bewegung und Ruhe.'"

Jesus Christus
aus dem Thomas-Evangelium

Die Staatsform der Freiheit, Nicht-Anarchie

Der folgende Text beschreibt die höchste Gesellschaftsform.

Die höchste Gesellschaftsform ist die Staatsform der Freiheit. Sie ist formlos, d.h. sie nimmt die Eigenschaftslosigkeit von Mu an und baut damit ein Ich auf, das ichlos ist. Diese Ichlosigkeit führt, d.h. diese Staatsform ist führerlos, also eine Anarchie, die keine ist, eine Nicht-Anarchie. In ihr ist jeder Mensch selbstbestimmt, d.h. frei.

Weil sie führerlos ist, gibt es keine Führung, die zu wählen wäre, d.h. ein für allemal wurde die Freiheit gewählt.

In dieser Staatsform ist der Staat überwunden, d.h. jeder einzelne Mensch ist der Staat. „L'État, c'est moi!" (frz., Übers. „Der Staat bin ich!") eines (wenn auch fälschlicherweise zugeschriebenen) Ludwig XIV. gilt hier also nicht nur für den Herrschenden, sondern für jeden, d.h. jeder Mensch herrscht. Das ist die unmittelbare Herrschaft des Volkes, die höchste Demokratie. Der Anteil eines jeden Menschen am Staat ist das Ganze. Der Eine besitzt also alles, d.h. sich, den Staat, und ist damit wahrhaft besitzlos, also nicht durch Besitz in seinem (Mensch)Sein beeinträchtigt. Weil er der Staat ist, ist dies die höchste Identifikation des Einzelnen mit dem Staat.

Die höchste Demokratie ist also die Nicht-Anarchie.

Ihre Ordnung ist eine absolute Unordnung, ein Nicht-Chaos, d.h. keine in Reih und Glied stehende anonyme graue Masse, sondern der namenlose, farbenfrohe Mensch in all seiner Vielfalt.

Diese Staatsform ist weder kapitalistisch noch kommunistisch, noch trägt sie einen sonstigen Namen. Sie ist menschlich, d.h. in ihrem Mittelpunkt steht nicht etwa das Kapital, sondern Mu, demnach das, was in die Mitte gehört, weil es die Mitte ist. Im Mittelpunkt steht also der Mensch, religiös ausgedrückt: Gott. Die Staatsform der Nicht-Anarchie ist damit, wohlgemerkt nur in diesem Kontext, ein Gottesstaat. Ein freier, menschlicher Gottesstaat. In ihm ist Gott überwunden, und die Überwindung ist Gott.

Georg Danzer, der große österreichische Liedermacher, besingt diese Staatsform in seinem bekannten Lied „Frieden" (Text, siehe nächste Seite). Vor allem die Textzeile „Kein oben und kein unten" drückt ihr Wesen aus. Doch Vorsicht: Diese Zeile heißt nicht, dass oben und unten gleich sind - dies wäre Kommunismus - , sondern eins, d.h. unbedingt. Oben ist also nicht oben auf Kosten von Unten, sondern aus sich heraus oben, d.h. oben wie unten herrscht Menschlichkeit, was wiederum heißt, dass es kein oben und unten gibt.

...
Am Himmel steht die Sonn
die Kinder spiel'n im Park
und es is Frieden.

I sitz auf ana Bank
die Blumen blühn im Gras
und es is Frieden.

I hab die Menschen gern
I steh auf meine Freund
und es is Frieden.

Ka Hunger und ka Hass
ka Habgier und ka Neid
und es is Frieden.

Ka Führer und ka Staat
ka Ideologie
und es is Frieden.

Ka Missgunst und ka Angst
und Gott statt Religion
und dann is Frieden.

Ka Macht für niemand mehr
und niemand an die Macht
und es is Frieden.

Ka oben und ka unt
dann is die Welt erst rund
und es is Frieden.

Gebt's uns endlich Frieden
gebt's uns endlich Frieden

Das perfekte Verbrechen

Was ist das perfekte Verbrechen?

Das perfekte Verbrechen ist ein Verstoß gegen Gott, der aber für legal erklärt wird, was die Erklärung zwar nichtig macht, aber die, die für legal erklärten, nicht interessiert. Gott hingegen schon.

Warum ist diese Erklärung nichtig? Weil Gott ohne Erklärung ist, also Gott ist, weil er Gott ist, nicht weil er zu Gott erklärt wurde.

Oder anders ausgedrückt: Einzig Gott ist legal.

„Es gibt keine grausamere Tyrannei als die, welche unter dem Deckmantel der Gesetze und mit dem Scheine der Gerechtigkeit ausgeübt wird; denn das heißt sozusagen Unglückliche auf der Planke ertränken, auf die sie sich gerettet haben."

Charles de Secondat, Baron de Montesquieu, Philosoph und Staatstheoretiker der Aufklärung
1689 - 1755

„Der Weg ist das Ziel", Eine Umschreibung für Gott

oder: Das absolute Carpe Diem

Das Ich eines jeden Menschen ist ein Kreis, der hin zur Ichlosigkeit, d.h. hin zu Mu, immer kleiner und kleiner wird und in der Unendlichkeit als Punkt verschwindet.

Der Mensch, der sich um das Absolute bemüht, verkleinert also mehr und mehr sein Ich, und damit seinen Kreis, bis der in der Unendlichkeit verschwindende Punkt, und damit die Ichlosigkeit, sein Ich ist. Dies ist sein mystischer Tod, sein Erwachen aus dem Traum, seine Erleuchtung, sein Erwerb der Buddhaschaft, sein Erkennen Gottes.

Stellt man sich diesen Kreis wie eine runde Uhr mit einem Ziffernblatt vor, dann ist der Weg von 12 Uhr (Anfang) bis 12 Uhr (Ende), also einmal herum, bei dem nicht ichlosen Menschen, ein längerer, weil sein Kreis ein größerer ist. Bei einem solchen Menschen dauert es also länger bis er wieder bei sich angekommen ist. Der Weg zum Ziel ist ein längerer, wohingegen bei dem ichlosen Menschen der Weg ein kurzer ist, so kurz, dass der Weg bereits das Ziel ist.

Dies ist die abgedroschene, weil von vielen lapidar dahin gesagte, doch nach wie vor edle Aussage: Der Weg ist das Ziel. Anfang, Ende und Weg sind eins.

„Der Weg ist das Ziel" ist also eine Umschreibung für

Gott, weswegen sie edel ist. Die Aussage sagt: Gott geht weg, doch das Weggehen ist Gott, er war also nie weg, auch wenn er weg war. Oder anders ausgedrückt: Das Nicht ist sein Dasein.

Der Mensch, der nach dieser Aussage lebt, indem er diese Aussage ist, überlässt das Morgen dem Morgen, d.h. zwischen ihm und dem Ziel besteht keine Trennung. Er nimmt sich so immer mit, ist immer da, bei sich, wach. Er ist immer angekommen. Das ist das absolute Carpe Diem. Der absolute Nutzen. Mehr kann aus einem Tag nicht herausgeholt werden, denn dieser eine Tag ist das ganze Leben. Dieser Mensch stirbt noch heute, es gibt für ihn kein Morgen. Jeder Tag ist sein letzter Tag.

Politik, Die Schlafwandler von heute

Zum 100. Jahrestag des Ausbruchs des
Ersten Weltkriegs

Durch all das, was nicht Mu (Wahrheit, Gott) ist, besteht die Gefahr, dass die Duale wechseln, d.h. das Ich des Menschen umgekehrt wird. Das Ja ist dann nicht mehr Ja und das Nein nicht mehr Nein. Durch diese Umkehr entsteht eine Scheinwelt, eine Illusion, in der der Name (Begriff) nicht mehr das angibt, was das Fundament dieses Namens ist, also etwa NATO draufsteht, aber Verteidigung nicht drin ist, oder etwa CDU draufsteht, aber C, das Christliche, nicht drin ist, SPD draufsteht, aber das Soziale nicht drin ist, und damit vertraute Institutionen ihr Wesen verändern. Freiheit, Demokratie und Gerechtigkeit sind dann nur schöne Worte, und eine Verfassung besteht nur noch auf dem Papier.

Dann weiß auch niemand mehr, wer Terrorist ist und wer Freiheitskämpfer, und der verwirrte Mensch dringt durch die Verschleierung der Begriffe nicht mehr zur Wahrheit durch. Nicht nur kann er keinem Wort mehr Glauben schenken, sodass das Misstrauen herrscht, ihm wird auch das Wort im Mund herumgedreht. Kurzum, der Mensch wechselt mehr und mehr von der Namenslosigkeit zur Anonymität.

Das ist gefährlich für den Frieden in der Welt, zumal die Anonymität das Töten erleichtert, und zeigt die enorme Bedeutung der Namenslosigkeit Gottes, denn wo Gott draufsteht, ist auch Gott drin. Es gibt in ihm keine Trennung zwischen Namen und Fundament, d.h. Gottes Name ist Gott. Gott kann also nicht umgekehrt (pervertiert) werden, weil die Umkehr von Gott Gott ist. Er ist wie ein Kompass, der immer in Richtung Gott zeigt, egal wie herum der Kompass gehalten wird.

Wenn solch Verschleierung ein bestimmtes Maß erreicht hat, mag es dazu kommen, dass ein existentielles gemeingesellschaftliches Erlebnis, etwa ein Krieg, die Dinge (auch an der Börse) wieder gerade rückt, also Begriff und Fundament in Einklang bringt. Quasi ein Reset. Ein Anpassen an die Realität. Doch zu welchem Preis? Geradezu paradox, ein Trauma, um das gesellschaftliche Träumen, das das Gegenteil des Erwachens von Buddha ist, zu beenden und sich wieder zu besinnen. Wer sind *heute* die Schlafwandler, um mit dem bekannten Buch von Christopher Clark zum Ersten Weltkrieg zu sprechen?

Das absolute Zeitmanagement

Bereits mit 15 Jahren machte ich mir Pläne, um mehr aus dem Tag herauszuholen, denn es hatte mich geärgert, dass ich immer erst auf den letzten Drücker für eine Klausur lernte und dann ins Schleudern kam, statt vielleicht jeden Tag ein bisschen zu lernen. Diese Pläne waren sehr rigoros, 14 bis 15 Uhr Mathe lernen, 15 bis 16 Uhr Englisch lernen etc. Doch es dauerte nicht lange, da wurden die „schönen" Pläne auf eine harte Probe gestellt, etwa wenn ein Kumpel vor der Tür stand und Fußball spielen wollte. Was tun? Mitgehen oder den Plan erfüllen?

Es gab immer wieder Menschen, die sich intensiv mit Zeitmanagementsystemen befassten, etwa der deutsche Lothar Seiwert oder der US-Amerikaner Stephen Covey, um nur zwei Namen zu nennen. Wert legten sie u.a. auf die Einordnung der Dinge in „dringend" und „wichtig".

Was sagt Zen dazu?

Zen kennt keine Einordnung, auch nicht die in „dringend" und „wichtig", denn alles und nichts ist dringend und wichtig. Oder anders ausgedrückt: Mal ist das Kleine dringend oder wichtig, mal das Große, d.h. die Einordnung ist Mu. Das aber heißt: Zu sein ist die Zeit.

Das Zeitmanagementsystem, das Zen ist, und das tatsächlich systemlos ist, ist damit ausdrückbar in nur einem Wort, welches lautet: Sei.

In jeder Situation einfach nur zu sein, also die höchste Simplifikation zu erreichen, was damit auch in höchstem Maße dem „Simplify your life" eines Seiwert entspricht, gelingt mehr und mehr durch die Arbeit mit dem Kôan Mu.

Durch dieses Sein, das dann das Tun ist, tut der Mensch nichts mehr, d.h. nichts bleibt ungetan.

„Ein Zen-Meister alter Zeit hat gesagt: ‚Sein-Zeit steht auf dem obersten Gipfel und in der tiefsten Tiefe des Meeres; Sein-Zeit ist drei Köpfe und acht Ellbogen; eine Höhe von sechzehn oder achtzehn Fuß ist Sein-Zeit; der Stab eines Mönchs ist Sein-Zeit; hossu (kurzer Holzstab) ist Sein-Zeit; die Steinlaterne ist Sein-Zeit; Tarô ist Sein-Zeit, Jirô ist Sein-Zeit; Erde ist Sein-Zeit, Himmel ist Sein-Zeit.'

‚Sein-Zeit' heißt, dass Zeit Sein ist. Jegliches daseiende Ding ist Zeit."

Zen-Meister Dôgen Zenji
1200-1253

Die Entfremdung des Lebens durch das Wort

Sehr interessant ist die Aussage des großen Psychoanalytikers Erich Fromm (1900 – 1980) aus seinem Buch „Zen-Buddhismus und Psychoanalyse":

„Sobald ich etwas durch ein Wort ausgedrückt habe, findet eine Entfremdung statt, und die volle Empfindung ist bereits durch das Wort ersetzt. Die volle Empfindung besteht tatsächlich nur bis zu dem Augenblick, wo sie sprachlich ausgedrückt wird."

Weil Mu universelles Nicht-Wort ist, ein Wort also, welches nicht besetzt ist, demnach leer, ohne Assoziation, begrifflos ist, ist Mu das einzige Wort, bei dem die genannte Aussage Erich Fromms **nicht** gilt.

Mu nimmt also das Echte (Wahre), nicht den begrifflichen Ersatz, d.h. bei dem Menschen, der Mu erkannt hat, kommt bei jedem Ding, dem er begegnet, die volle Empfindung durch. Dieser Mensch lebt das Leben, er lebt das Echte, er lebt nicht den Begriff (Abbild) des Lebens. Er kennt das Leben also nicht vom Hörensagen, sondern weil er lebt und ist nicht durch einen Begriff vom Leben getrennt. Religiös ausgedrückt: Wenn du etwas durch Gott siehst, so siehst du das Echte und nicht durch den Schleier deines Ichs.

„Geist theoretisch zu verstehen, ist nicht genug, um die Frage ‚Wer bin ich?' und damit auch das Problem von Geburt und Tod zu lösen. Solch ein Verstehen ist lediglich ein Abbild der Wirklichkeit, nicht die Wirklichkeit selbst. Wenn Sie sich hartnäckig voller Hingabe und Eifer fragen: ‚Wer bin ich?' - also erfüllt von echtem Verlangen nach Selbst-Wesensschau - werden Sie unbedingt das Wesen des Geistes erkennen."

Yasutani Rôshi
1885 – 1973

Die Regenerationszeit vom Ärger

Was ist Ärger?
All das, was nicht Mu ist, ist Ärger.

Ärgert sich der Mensch, so ist er also nicht in Übereinstimmung mit dem, was ist.

Mit dem, was ist, in Übereinstimmung zu sein, ist seine Unbefangenheit.

Die Zeit, nach dem Ärger zur Unbefangenheit zurückzukehren, also vom Ärger zu regenerieren, verkürzt sich umso mehr der Mensch Mu erkennt, etwa durch die Arbeit mit dem Kôan Mu. Sie wird schließlich so kurz, dass er sich nur noch über das Nichts ärgert, ihn also nichts mehr ärgern kann.

Die Reinigung des Geistes

Im Internet findet man alle möglichen Arten von Reinigungen: Leberreinigung, Gallenreinigung, Nierenreinigung etc. Alles schön und gut, und sicherlich auch irgendwo berechtigt, doch was ist mit der wichtigsten aller Reinigungen, der Reinigung des Geistes?

Der Mensch, der sich um die Beantwortung der Frage „Wer bin ich?" bemüht, etwa durch die Arbeit mit dem Kôan Mu, reinigt seinen Geist.

All der Mist, den er durch jahrelange Konditionierung mitgetragen hat, wird aufgelöst. Der Mensch wird bedingungslos (absolut). Das, was er wirklich ist, das Wahre, das Reine, bleibt übrig.

Was seinen Geist verunreinigt, ist also das, was ihm das Vorhandensein eines Ichs vorgaukelt. Gelingt ihm aber durch dieses Bemühen zu erkennen, dass er kein Ich besitzt, also das Kein, und damit Mu, die Antwort der Frage ist, so hat er all das, was zwischen ihm und den Dingen steht, bereinigt. Es gibt dann kein Zwischen mehr, d.h. er und die Dinge sind eins, er transzendiert die Dinge. Er erkennt sich in ihnen.

Weil der Mensch durch dieses Erkennen auch erkennt, dass auch sein Körper Geist ist, reinigt er mit dem Geist auch den Körper.

Schülerin: Ich komme mir als Gefangene meines Ich vor und möchte dem entrinnen. Kann ich das durch Zazen? Würden Sie mir bitte den Zweck von Zazen erklären?

Rôshi: Sprechen wir zuerst einmal über den Geist. Ihr Geist kann mit einem Spiegel verglichen werden, der alles, was davor erscheint, widerspiegelt. Von dem Zeitpunkt an, da Sie zu denken, zu fühlen und Ihre Willenskraft anzuwenden beginnen, werden Schatten auf Ihren Geist geworfen, die die Spiegelung verzerren. Diesen Zustand nennt man Verblendung, und sie ist die Grund-Krankheit des Menschen. Die gefährlichste Wirkung dieser Krankheit liegt darin, dass sie ein Gefühl der Dualität hervorruft, demzufolge Sie «Ich» und «Nicht-Ich» als gegeben voraussetzen. In Wahrheit ist alles Eins. Dabei handelt es sich natürlich um keine zahlenmäßige Eins. Was Feindschaft, Habgier und damit unausweichlich Leiden schafft, ist die irrtümliche Anschauung, dass man sich einer Welt von Einzeldingen gegenüber sieht. Zweck von Zazen ist es nun, diese Schatten und Verunreinigungen vom Geiste abzuwischen, so dass wir unseren Einklang mit allem Leben zuinnerst erleben können. Dann wallen Liebe und Erbarmen ganz natürlich und spontan in uns auf.

Yasutani Rôshi
1885 – 1973

Der Ausbruch aus dem Teufelskreis

Der Kreis ist umso mehr ein Teufelskreis (oder vicious circle, der böse Kreis, wie er im Englischen heißt), je größer er ist, also je länger der Weg ist, den der von sich selbst entfernte Mensch zurücklegen muss, um wieder bei sich anzukommen. Je kleiner der Kreis ist, umso mehr ist er ein Gotteskreis. In dem großen Kreis, dem Teufelskreis, fesseln sich die Bedingungen gegenseitig, also das geht nicht wegen dem, und das nicht wegen diesem, und wenn ich das mache, dann geht auch das nicht, weil dann dieses nicht geht etc. Es ist wie bei einem Schachspiel, in dem man nicht mehr weiß, wohin man mit den Figuren rücken soll. Rückt man dorthin, steht man im Schach, rückt man dahin, verliert man den Läufer, da den Springer etc. Der kleine Kreis hin zum verschwindenden Punkt hingegen wird mehr und mehr bedingungslos, bis schließlich die Unendlichkeit die Bedingung ist, also die Bedingungslosigkeit, sprich das Absolute, erreicht ist und sich der Mensch frei bewegen kann. Wenn er sich dann bewegt, ist das ohne Auswirkung, umsonst, er stößt nichts an. Die Dinge bleiben unverursacht. Befindet sich ein Mensch also in einem Teufelskreis, so kann er diesen durchbrechen, indem er sein Ich verringert, etwa durch die Arbeit mit dem Kôan Mu, und den Kreis damit kleiner und kleiner macht. Die Verringerung des Ichs bis hin zur Ichlosigkeit, ist auch der Ausstieg aus dem Kreislauf von Geburt und Tod.

Rassismus, Mu gibt das nicht her

Zum 50. Todestag von Malcolm X

1925 – 1965

Das Absolute, sei es Mu oder, religiös ausgedrückt, Gott genannt, kennt keinen Rassismus, d.h. alles ist eins; es gibt nur die eine Rasse des Menschen.

Mu ist ohne Eigenschaft, d.h. das Ohne (bzw. die Leere) ist die Eigenschaft. Mu ist damit jede Hautfarbe, sei sie weiß, schwarz, rot, gelb etc.

Jeder Mensch, egal welcher Hautfarbe, hat also das Recht, nach dem, was er (als Mensch) ist, beurteilt zu werden. Im Guten wie im Schlechten. Ihm dieses Recht nicht zu gewähren, sondern die eigenschaftslose Hautfarbe über sein Menschsein zu stellen, das ist Rassismus.

Und jeder will auch nur als Mensch beurteilt werden. Wer würde schon wollen, dass man ihn preist oder beschimpft wegen seiner Hautfarbe? Was hätte er denn zu dieser Beurteilung leistend beigetragen? Und was könnte er anders machen, wenn seine Hautfarbe doch bestehen bleibt?

Heute (21.02.2015) ist der 50. Todestag des großen Malcolm X. Dass die Hautfarbe nicht das bestimmende Element in der Beurteilung des Menschen sein kann, darauf machte er immer wieder aufmerksam.

Was er als „Onkel Tom" bezeichnete und zu Recht ablehnte, ist genau das, was auch Mu fordert, nämlich dass der Mensch nicht von etwas abhängig ist, etwa vom weißen (Sklaven)Meister, sondern, wie Mu, aus sich heraus besteht, und damit frei ist, d.h. nur das (Mensch)Sein als Meister (Urteil) anerkennt.

„Und die wahre Religion des Islam lehrt keinen ein anderes menschliches Wesen nach der Hautfarbe zu beurteilen. Der Beurteilungsmaßstab, der von den Moslem verwendet wird, um einen anderen Menschen zu vermessen, ist nicht die Farbe des Menschen, sondern des Menschen Taten, des Menschen bedächtiges Verhalten, des Menschen Absichten. Und wenn ihr dies als Ur-Maß oder Urteil verwendet, werdet ihr niemals falsch liegen.

Aber wenn ihr einen Menschen einfach nur nach seiner Hautfarbe beurteilt, dann begeht ihr ein Verbrechen, denn das ist die schlimmste Art einer Beurteilung. Wenn ihr ihn beurteilt, weil er ein Jude ist, ist dies nicht so schlimm, als wie ihn zu beurteilen, weil er schwarz ist. Denn ein Jude kann seine Religion verstecken. Er kann sagen, er ist jemand anderes - und was viele von ihnen tun, sie sagen, sie sind jemand anderes. Aber der schwarze Mensch kann sich nicht verstecken. Wenn sie beginnen uns wegen unserer Farbe anzuklagen, bedeutet das, sie klagen uns an, bevor wir geboren wurden, was die schlimmste Art von Verbrechen ist, die begangen werden kann. Die Religion der Moslem hat alle Neigungen einen Menschen entsprechend seiner Hautfarbe zu beurteilen, vernichtet, vielmehr basiert das Urteil auf seinen Taten."

Malcolm X, 1965
aus der Rede „By any means necessary"

„Was machst du denn für ein Gesicht?", Das Ur-Antlitz

Manchmal heißt es „Was machst du denn für ein Gesicht?" und oft weiß der Angesprochene gar nicht, dass er vielleicht unglücklich aussieht. Soll er etwa ein fröhliches Gesicht aufsetzen nur damit solche Äußerungen nicht mehr fallen und andere zufrieden sind? Nein, das echte Gesicht ist das Ur-Antlitz.

Der Mensch, der sich um das Erkennen von Mu bemüht, sei es durch das Kôan Mu oder das Kôan „Was ist mein Gesicht vor der Geburt meiner Eltern?", findet das Ur-Antlitz.

Dieses Gesicht (Dasein) ist leer, d.h. der sich erkannte Mensch hat kein Gesicht mehr, sondern das Keine, und damit Mu, ist sein Gesicht.

Es ist niemals aufgesetzt, sondern immer authentisch, niemals angespannt, niemals versteinert. Durch dieses Gesicht strahlt das Innere, der ewige Frieden. Es ist - religiös ausgedrückt - das Gesicht Gottes (Buddhas).

„Wollt ihr der Pein des «Rad-des-Lebens» entrinnen, müsst ihr unmittelbar den Weg, ein Buddha zu werden, erlernen. Diesen Weg, ein Buddha zu werden, müsst ihr im Eigenen Geiste durch Satori (Erleuchtung) verwirklichen. Was denn ist dieser Geist? Ehedem vor der Geburt von Vater und Mutter und also auch vor der eigenen Geburt bestand er und besteht *immerdar bis heute unwandelbar und* ewig als das ursprüngliche Wesen aller Geschöpfe. Also wird er Ur-Antlitz genannt. Dieser Geist ist von Anbeginn von lauterster Reinheit."

Zen-Meister Bassui Tokusho
1327 – 1387

Der Gegensatz von Arm und Reich, Systemwechsel und Umverteilung

Wer derzeit den Gegensatz von Arm und Reich betrachtet, fragt sich, wie es sein kann, dass so wenige so viel besitzen? Das ist nicht die Verteilung, die durch Zen zustande kommen würde.

Viele Menschen erkennen, dass mit dem jetzigen System etwas nicht stimmt, dass es ungerecht ist, doch was manche von ihnen zu dessen Behebung vorschlagen, ist nur ein neuer Fehler, eine Umverteilung so, dass die jetzt Armen nach ihr reich und die jetzt Reichen arm sind. Das aber ist nicht das, was Zen will. Was weg muss, ist die Bedingung (Fessel, Kette), die zwischen Arm und Reich besteht. Dann ist das Bedingungslose, und damit Zen, erfüllt. Ansonsten würde bei einem Systemwechsel der Fehler des alten Systems nur unter anderem Vorzeichen weitergeführt, wohingegen die Bedingungslosigkeit kein Vorzeichen kennt, weil sie die Null ist, d.h. das Nichts, das Mu ist.

Man muss also dahin kommen, dass die Bedingungslosigkeit die Dinge (Güter) der Schöpfung verteilt, und damit eine ichlose Verteilung stattfindet, eine, die nicht egoistisch ist, religiös ausgedrückt, Gott die Dinge verteilt. Das ist gerecht.

Um diese absolute Verteilung zu verdeutlichen:

(... wobei es zu verstehen gilt, dass der Name (Begriff) Gott keine Rolle spielt, d.h. so wie diese Verteilung bedingungslos ist, ist sie auch namenslos.)

Angenommen Stefan, Peter und Birgit beanspruchen Gott. Wie sollte er sich auf die drei verteilen? Sollte er sich dritteln, also so, dass Stefan ein Drittel Gott bekommt, Peter ein Drittel und Birgit ein Drittel? Nein, kein Dritteln und auch kein sonstiges Bruch-Verhältnis, sondern Stefan erhält Gott ganz, Peter erhält Gott ganz und auch Birgit erhält Gott ganz, jeder einzelne Teil ist ganz, das Ganze, das Gesamte. Jeder einzelne Teil ist Gott.

(Es gilt: $1_{Stefan} + 1_{Peter} + 1_{Birgit} = 1$, der jeweilige Teil ist die Summe$_{Gesamt}$)

Gott kommt also nicht in die Verlegenheit sich auf die drei Genannten in irgendeinem Bruch-Verhältnis aufteilen zu müssen und sich damit aufzubrauchen; er vermindert sich nicht, er vermehrt sich nicht. Jeder Einzelne, ob drei Menschen oder sieben Milliarden, bekommt Gott ganz.

Weil also jeder Anspruch befriedigt ist, gibt es auch kein Neid oder Hass unter den Menschen nach dem Motto „Ich brauch jetzt mehr Gott als du, weil ich größere Ansprüche habe", denn jeder bekommt ja das Mehr, weil das Mehr als Gott wiederum Gott ist, jeder bekommt ja den Unterschied zum Anderen, und doch bekommt jeder „nur" dasselbe, nämlich Gott. Es gibt also keine Relativität, und damit keine Rivalität, d.h. aus dieser Verteilung kann, im Gegensatz zu dem, was wir heute im Weltgeschehen sehen, kein

Streit (Krieg) entstehen. Es gibt keinen Verteilungskampf um Gott. Oder anders ausgedrückt: Gott ist unteilbar.

Jede Wirtschaft eines Landes, sei es die Griechenlands, der USA, Deutschlands, Chinas etc., muss sich an dieser beschriebenen absoluten Verteilung orientieren, um eine gerechte Balance zwischen Arm und Reich zu erschaffen und damit als Staat überhaupt tragfähig zu sein.

Das Umverteilen ist also nur das Herstellen dieser Balance, d.h. das Loswerden der o.g. Bedingung, nicht das Herstellen einer neuen Ungerechtigkeit.

In dieser Balance ist Arm dann nicht arm wegen Reich und Reich nicht reich wegen Arm. Bertolt Brechts bekannter Satz *„Und der Arme sagte bleich: Wäre ich nicht arm, wärst Du nicht reich"* gilt in Zen (Gott) also nicht. Nicht der Andere wird belastet, damit ich etwas sein kann, sondern ich bin, weil ich auch der Andere bin, also der Mensch dem Menschen unteilbar verbunden ist, sein Wohlergehen auch meines ist.

Die schlechteste Nachricht ist Gott

Manchmal erhalten wir Menschen Nachrichten, die so schlecht sind, dass wir in die Knie gehen, wenn sie uns übermittelt werden. Schon die Einleitung „Du, ich hab 'ne schlechte Nachricht für dich" lässt uns zittern.

Doch egal wie schlecht eine Nachricht auch sein mag, der Mensch *„kann nicht tiefer fallen als nur in Gottes Hand"* (Arno Pötzsch, 1900 – 1956, ev. Pfarrer), d.h. Gott ist das Ende aller schlechten Nachrichten, er ist also die schlechteste Nachricht. Das aber heißt, es gibt keine schlechte Nachricht, was wiederum eine gute Nachricht ist.

„Woran glaubst du denn?" „An nichts", Zen und Nihilismus

oder: Die relative und die absolute Gottlosigkeit

Hin und wieder kommt es vor, dass die Frage gestellt wird: „Woran glaubst du denn?" Was antwortet der wahre Mensch? Er antwortet: „An nichts". Was meint er?

Der wahre Mensch sieht die Dinge, wie sie sind, er sieht die Wahrheit. Er sieht nicht durch die Illusion seines Ichs.

Dieser Mensch hat alle Dinge überwunden. Auch Gott? Auch Gott. Und diese Überwindung, die ist dann Gott, d.h. er ist Gott los (gottlos) geworden (ohne ihn loszuwerden). Er ist damit nicht relativ gottlos, wie etwa derjenige, der sich als Atheist bezeichnet, sondern absolut gottlos.

Der wahre Mensch ist also frei von Gott, und diese Freiheit ist Gott.

Oder anders ausgedrückt: Der wahre Mensch glaubt an nichts und meint auch hier das absolute Nichts, nicht das relative Nichts, das u.a. den Nihilismus kennzeichnet. Zu sehen etwa in dem Kultfilm „The Big Lebowski", als die „Nihilisten" den „Dude" in seiner Badewanne sitzend, aufsuchen und zu ihm sagen „Wir glauben an nichts. An gar nichts, Lebowski".

Während also laut Wikipedia „Mit dem Begriff Nihilismus (lat. nihil, „nichts") allgemein eine Weltsicht bezeichnet wird, die die Möglichkeit jeglicher objektiven Seins-, Erkenntnis-, Wert- und Gesellschaftsordnung verneint", so wird durch die Zen-Aussage „Überwinde Gott, um Gott zu finden", Gott im selben Moment bejaht und verneint. Gott ist damit eine Nicht-Verneinung, die darauf hinweist, dass der Weg zu Gott Gott selbst ist, also Gott der Weg ist, oder anders ausgedrückt: Nur Gott zu Gott führt. Zen versteht, dass damit nur Gott objektiv ist, weil das Subjekt durch die Ichlosigkeit überwunden wurde.

Der wahre Mensch hat also seinen Glauben durch Gott ersetzt. Er glaubt nicht mehr, sondern er ist. Dies ist der höchste Glauben bzw. das höchste Sein. Das Einssein mit Gott.

Mu - Das einzige, das nicht im Glashaus sitzt

Immer wieder trifft man auf Menschen,
die andere kritisieren, statt mit ihrer Kritik bei sich
anzufangen. Obwohl sie selbst im Glashaus sitzen,
werfen sie mit Steinen.

Mu ist das einzige, das nicht im Glashaus sitzt, d.h. Mu ist ohne Schuld (Sünde), denn die Schuld von Mu ist Mu. Oder anders ausgedrückt: Das Ohne ist die Schuld bzw. Mu.

Je mehr der Mensch Mu erkennt, etwa durch die Arbeit mit dem Kôan Mu, und damit sich erkennt, umso mehr ist ihm erlaubt, andere zu kritisieren. Er verlässt das Glashaus, d.h. sein Ich verliert die Begrenzung. Seine Kritik an dem anderen aber ist dann keine Kritik mehr, sondern die Wahrheit. Die Kritik wurde kritiklos. Sie wurde zu einer urteilsfreien Kritik. Einer Kritik ohne Urteil.

Oder anders ausgedrückt: Dieser Mensch kritisiert ohne zu kritisieren. Sein Steinewerfen ist kein Angriff. Er sagt lediglich, wie es ist.

„Wie soll ich mich entscheiden?", Das Nicht-Handeln

Viele Menschen wissen nicht,
wie sie handeln sollen.

Jedes Ding (Umstand) beeinflusst eine Entscheidung. Von den Dingen unbeeinflusst, d.h. unbedingt (absolut) zu sein, ermöglicht die reine Entscheidung. Die gerechte Entscheidung (Unterscheidung). Eine Entscheidung, die nicht mehr entscheidet, sondern eine, in der das Nicht entscheidet.

Das Nicht ist die Ichlosigkeit, oder anders ausgedrückt: Das Nicht ist Mu.

Der unbedingt Handelnde handelt also nicht mehr, sondern wird gehandelt. Dies ist, obwohl passiv ausgedrückt, die höchste Aktivität im Handeln des Menschen.

Er tut, was zu tun ist.

Wollte man diese höchste Aktivität religiös ausdrücken, so würde es lauten: Der unbedingte Mensch vollzieht in diesem Nicht-Handeln den Willen Gottes, d.h. Gott handelt durch ihn.

Das Nicht-Handeln zu erlernen und damit die Frage „Wie soll ich mich entscheiden?" ein für allemal zu beantworten, gelingt dem Mensch also, indem er seine Bedingungslosigkeit (Ichlosigkeit) erkennt, etwa durch die Arbeit mit dem Kôan Mu.

Der selige Zustand der Ichlosigkeit

Der Mensch, der sich um die Beantwortung der Frage „Wer bin ich?" (bzw. „Was ist Mu?") bemüht, etwa durch die Arbeit mit dem Kôan Mu, erreicht mehr und mehr den Zustand der Ichlosigkeit. Er stirbt noch im Leben. Er stirbt den mystischen Tod und erkennt in diesem Nicht-Sterben sein wahres Ich, das Mu oder Buddha genannt werden könnte.

Dieser Zustand ist ein seliger. Einer, der geprägt ist von unbeschreiblicher Leichtigkeit. Es ist als würde man durch Schnee laufen, ohne Eindrücke (Spuren) zu hinterlassen, nicht aber nur im Schnee auf dem Boden, sondern auf allen Dingen, die einen umgeben.

Es ist ein Zustand puren Glücks. Unendliche Stille, kein Leid. Er ist das Gegenteil des ständig nervösen, gehetzten, getriebenen.

Wenn diese Worte auch geeignet sind, diesen Zustand anzudeuten, so können sie ihn doch nicht erreichen. Dieser Zustand muss erfahren werden, um ihn zu verstehen.

Menschenrechte sind keine Privilegien

Mehr und mehr Länder beschneiden die Menschenrechte (Bürgerrechte). Für alle die, die sie gar gerne als Privilegien bezeichnen würden, die etwa durch eine Regierung gegeben werden, bereits jetzt die folgende Klarstellung:

Menschenrechte sind keine Privilegien.

Im Gegensatz zu Privilegien werden Menschenrechte nicht gegeben, d.h. das Nicht, und damit Gott, gibt sie. Weil sie so nicht gegeben werden, also gottgegeben sind, können sie auch nicht genommen werden, auch nicht durch die Abstimmung eines Parlaments, ganz gleich wie die Mehrheitsverhältnisse sind. Menschenrechte unterliegen keiner Abstimmung. Sie stehen nicht zur Debatte (Wahl).

Menschenrechte bestehen also aus dem Sein heraus. Sie werden nicht gewährt, auch nicht von einer Regierung, sondern gewähren sich selbst.

Weil die Verbindung der Menschenrechte zum Mensch eine unteilbare ist, gehen sie alle Menschen etwas an. Niemand kann vor ihnen die Augen schließen.

Werden Menschenrechte genommen, so hat der Mensch das Recht (Gott) sie sich gewaltsam zurück zu nehmen. Eine Gewalt, die dann aber keine ist, denn jede Handlung, die das Menschenrecht zum Ziel hat, nicht ihren Deckmantel, ist dann selbst Menschenrecht und damit gewaltlos, d.h. eine Nicht-Gewalt, die immer gerechtfertigt ist.

„Immer ist irgendwas", Der Tumult des samsara

Jeder kennt den Spruch „Immer ist irgendwas". Ein Spruch, der meist dann verwendet wird, wenn das Leben einfach nicht zur Ruhe kommt, man gerade mit Müh und Not dieses und jenes hinter sich gebracht hat und dann schon der nächste Mist auftaucht, der einen wieder in Atem hält.

Wann kann man sagen, dass es aufhört, dass immer irgendwas ist? Im Grunde erst dann, wenn man tot ist. Das Problem ist dann aber, dass man eben nicht mehr lebt.

Damit es noch im Leben aufhört, dass immer irgendwas ist, muss der Mensch noch im Leben sterben. Dann beendet er den Tumult des samsara (sanskrit, jap. shoji), also die Welt der Relativität, der Phänomene, der Illusionen, der Dinge. Der große Zen-Meister Bassui Tokusho (1327 – 1387) nennt in den Briefen an seine Schüler einen solchen Menschen einen lebenden Leichnam.

Lebender Leichnam? Soll das heißen, dass der Mensch, der diesem niemals endenden Tumult entkommen will, dafür dann wie ein Zombie, ein Untoter, durch die Gegend taumeln muss? Nein, der Mensch, den Bassui meint, ist mystisch gestorben, d.h. sein Ich ist erloschen, wodurch er nicht mehr den Dingen (Relativität) unterworfen ist.

Ein solcher Mensch ist unbedingt (absolut). Er kann

sagen: Endlich ist Ruhe, endlich gilt nicht mehr „Immer ist irgendwas".

Ein solcher Mensch zu sein, gelingt durch die Arbeit mit dem Kôan Mu.

Die politische Mitte

Was ist die politische Mitte?

absoluter Teil:

Der Weg der Mitte, wie ermittelt der Zen-Buddhismus die Mitte? Er sagt, überwinde den Gegensatz (Dualismus), beispielsweise den von links und rechts. Gelingt diese Überwindung, so werden links und rechts eins, d.h. links und rechts transzendieren einander, sie nehmen den selben einen Platz ein. Dieser eine Platz ist die Mitte. Eine Mitte, die keine Ränder kennt, weil auch der Rand Mitte ist, d.h. die Mitte ist ihr eigenes Extrem. Sie ist also radikal in dem Sinne, dass sie dem Mensch nichts hinzufügt, was der Mensch nicht ist.

So ist die Mitte der Mensch als Mensch, der freie Mensch, und von allen politischen Parteien anzustreben, d.h. sich zu bemühen zu verstehen, wer der Mensch (als solcher) ist. Die Partei also, ganz gleich, wo sie im Parlament sitzt, ob ganz links oder ganz rechts oder irgendwo dazwischen, die diesem Verständnis am nächsten kommt, besetzt die politische Mitte.

Einschätzung:

Nun ist dieses Bemühen derzeit höchstens bei den Linken zu erkennen, ganz sicher aber nicht bei den sonstigen im Deutschen Bundestag vertretenen Parteien. Damit vertritt Die Linke, obwohl sie links ist, am ehesten die politische Mitte.

Die Linke mal außen vor

In der Mitte liegt aber auch etwas weiteres, nämlich: Dadurch dass zwar links und rechts eins sind, es sich aber dennoch um zwei verschiedene Kräfte handelt, muss der Wähler die Wahl haben. Sind also die Parteien eines politischen Spektrums, das von links bis rechts reicht, so wie etwa im Deutschen Bundestag, zu ähnlich und gibt es zwischen ihnen nur noch in eher belanglosen Randfragen Unterschiede, wie dies bei CDU, CSU, SPD, Grüne und FDP (letztere nicht mehr vertreten) der Fall ist, so hat der Wähler keinen Gegensatz mehr, und damit wie in einer Diktatur, die nur eine Einheitspartei anbietet, keine Wahl. Was wollte man denn wählen, wenn doch alles gleich ist? Was wollte man denn wählen, wenn alle genannten Parteien in ihrer Wirtschaftspolitik neoliberal, in der Außenpolitik der USA unterwürfig sind? Damit aber ist neben ihrem Unverständnis über den Menschen eine „weitere Grundvoraussetzung" die politische Mitte zu sein, nicht gegeben.

Die politische Mitte liegt derzeit hauptsächlich bei der „Partei" der Nichtwähler. Sie kommen durch ihr Wahlverhalten dem Wissen um den Menschen am nächsten, indem sie es ablehnen weder verstanden zu werden noch eine Wahl zu haben auch noch durch ihr Kreuz zu bestätigen. Dies ist gut, ein gesundes Verhalten, nicht eine Politikverdrossenheit, sondern die Verdrossenheit mit dem Wahlangebot, das ja kein wirkliches ist, weil es aufgrund des Fehlens des Gegensatzes, also einer Alternative, niemals einen politischen Wechsel ermöglicht. Salopp ausgedrückt: Man kann sich dumm und dämlich wählen, es bleibt, egal welche Partei man wählt, immer bei derselben Politik, weshalb man das Wählen auch bleiben lassen kann. Es ist im selben Moment aber auch schlecht, denn es bedeutet, dass der Mensch bzw. die Freiheit nicht mehr repräsentiert wird, d.h. in der Politik keine Rolle mehr spielt. Das aber heißt, dass die derzeitigen Parteien, ganz gleich welche Prozentzahlen sie bei der letzten Bundestagswahl erzielt haben, nicht mehr ausreichend legitimiert sind.

Die Frage des Geldes in der Spiritualität

Viele Menschen bieten spirituelles Wissen an, dürfen sie dafür Geld verlangen?

Zunächst: Was ist spirituelles Wissen? Es ist all das, das bewirkt, dass der Mensch sich (Gott) erkennt, ihn also in Lage versetzt die Frage „Wer bin ich?" zu beantworten. Derjenige, der spirituelles Wissen anbietet, muss sich (Gott), zumindest in einem gewissen Maße, erkannt haben, ansonsten besitzt er kein spirituelles Wissen, sondern plappert nur das nach, was er irgendwo gehört oder gelesen hat. Der Zen-Buddhismus etwa testet dies durch Fragen wie „Wie alt ist Gott?", die der Zen-Meister (Rôshi) dem Übenden stellt und die dieser, spontan und aus sich heraus, beantworten können muss, um zu zeigen, dass er tatsächlich zu Erkenntnis gelangt ist. Lesenswert sind hierzu die Erleuchtungserlebnisse aus dem Buch „Die drei Pfeiler des Zen" von Philip Kapleau.

Besitzt derjenige, der spirituelles Wissen anbietet, kein wirkliches Wissen, so erschafft er Abhängigkeit (Relativität), wie etwa bei einer Sekte (in der negativen Assoziation dieses Wortes). Der wirklich Wissende hingegen erschafft Unabhängigkeit (Absolutheit), d.h. der Mensch, der in den Bereich dieses Wissens eintritt, steht von alleine. Er wird frei.

Nun hat dieses Wissen um sich (Gott) eine „Eigenschaft", es ist umsonst.

Umsonst zunächst in dem Sinne, dass der Mensch, wenn er zu sich kommt, was sowohl die Wortbedeutung der Bewegung, als auch die des Erwachens meint, dort herauskommt, wo er immer schon war, er durch dieses Wissen also nichts dazu gewinnt.

Hierzu der große Zen-Meister Huang-po (9. Jh.): *„ ... Darum sagt der Tathagata (Absolute, Unbedingte): «Durch die vollkommene unübertroffene Erleuchtung habe ich wahrlich nichts dazu gewonnen.» Wäre irgendetwas zu erreichen gewesen ... "*, oder auch der große indische Guru Ramana Maharshi (1879 – 1950): *„Was wir Selbstverwirklichung nennen, ist nicht das Erlangen von etwas Neuem oder das Erreichen eines fernen Ziels; es heißt einfach, das zu sein, was man immer ist und schon immer war".*

Oder in meinen Worten: Der Mensch, der zu sich kommt, ist wie einer, der auf einem runden Zifferblatt bei 12 Uhr losgeht, eine Runde, und dann wieder bei 12 Uhr herauskommt, also dort, wo er schon war. Die ganze Runde war also umsonst und doch musste sie stattfinden, damit er erkennt, dass sie umsonst war. Die Runde war also nicht umsonst, um umsonst zu sein.

Das Umsonst hat aber auch die Bedeutung, dass das spirituelle Wissen kostenlos ist. Oder anders ausgedrückt: Gott, der dieses Wissen ist, ist unveräußerlich, unbezahlbar, unverkäuflich, er unterliegt keinem Preis.

Das aber heißt, dass der Zugang zu Gott, und dieser ist nichts anderes als Gott, ebenfalls kostenlos ist. Jeder Mensch also, ob arm oder reich, hat Zugang zu ihm. Er macht den Zugang nicht abhängig vom Geld. Er schließt niemanden aus.

Derjenige, der also spirituelles Wissen anbietet, muss diesem Umsonst entsprechen. Er kann dieses Wissen nicht verkaufen, denn es gibt nichts zu verkaufen, zumal der „Käufer" das Wissen ja eh schon besitzt, ihm dies nur nicht bewusst ist.

So hing etwa bei der Totenfeier von Harada Rôshi (1871 - 1961) neben seiner Photographie ein kalligraphisches Blatt, das er selbst einige Jahre zuvor geschrieben hatte. Auf ihm stand:

„Vierzig Jahre habe ich Wasser verkauft
Am Ufer des Flusses.
Ho, Ho!
Meine Mühen waren ganz ohne Verdienst."

Nun muss derjenige, der spirituelles Wissen anbietet, aber auch von etwas leben. Von was lebt so jemand? Von Gott. Oder anders ausgedrückt: Sein Angebot des Wissens ist absichtslos, es unterliegt keiner Gewinnabsicht. Ihm reicht es, wenn die Bedürfnisse, die sich aus seinem Wissen ergeben, befriedigt sind. Hierzu aus dem Buch „I am that" über den großen indischen Weisen Sri Nisargadatta Maharaj (1897 – 1981):

„Nach seinem Erleuchtungs-Erlebnis begann Nisargadatta ein solches Leben in zwei Welten. Er betrieb weiterhin seinen Laden, doch hörte er auf, ein profitorientierter Händler zu sein."

Problematisch wird es also dann, wenn der spirituell Wissende sein Wissen „marktorientiert" anbietet. Es ist nicht so, dass er arm sein muss, das nicht, aber den Zugang zu dem Wissen, und damit zu sich, nur demjenigen, der über Geld verfügt, zu ermöglichen und den, der dieses Geld nicht hat, auszuschließen, widerstrebt dem spirituellen Wissen und verringert damit den Grund diesen Wissenden aufzusuchen. Interessant ist sicherlich die Spende, d.h. es dem Suchenden selbst zu überlassen, ob und wie viel er dem Wissenden gibt, solange diese Spende nicht nach dem Motto gehandhabt wird „Ich hab dir jetzt Geld gegeben, jetzt sieh mal zu, dass du mich zur Erleuchtung bringst". Das Geld erzeugt keinen Anspruch. Wofür spendet der Suchende? Er spendet nicht für den Wissenden, sondern für Gott, und damit für den Wissenden, und damit auch für sich. Diese Spende ist also nicht die Barmherzigkeit des Spendenden, sondern die des Wissenden. Der Spendende muss „froh" sein, dass er geben darf.

Blut ist dicker als Wasser, und Mu ist dicker als Blut

Der Spruch „Blut ist dicker als Wasser" ist weithin bekannt. Er bedeutet, dass die Bindung zu den (Bluts)Verwandten stärker ist als zu anderen Menschen. Alles kein Problem, solange diese Bindung nicht gegen die Wahrheit verstößt, d.h. nur weil man zu einer Familie gehört Dinge decken, er- oder mittragen soll, die nicht in Ordnung sind, also eine falsche Vorstellung von Loyalität besteht.

Mu ist bindungslos, d.h. an Mu gebunden, d.h. an nichts gebunden, damit frei. Diese Nicht-Bindung ist die stärkste Bindung. Sie sagt: Der Mensch ist durch die Freiheit gebunden (gefesselt). Oder anders ausgedrückt: Wir alle sind Gottes Kinder, Gott ist unser Vater (Mutter), Gott ist unsere Familie.

In dieser Familie, die Gott ist, gibt es keine Entfernung, wir alle sind seine nächsten Verwandten.

Besteht also innerhalb einer Familie (Gruppierung) die Loyalität zu etwas, das nicht die Wahrheit (Gott, Ordnung) ist, so mag damit zwar loyal zu dieser Familie gehandelt werden, aber die Familie, die Gott ist, verraten werden. Mag Blut dicker sein als Wasser, so ist Mu dicker als Blut. Nur Mu (Gott) gilt unsere Loyalität.

„Ich bin", Das politischste Statement überhaupt

Wie politisch ist Zen?

Es heißt, dass Zen nicht eingreife, dass Zen wu wei (chin., jap. Mu-i) sei, und tatsächlich, das ist Zen, doch heißt dies, dass das Nicht, also die Ichlosigkeit, eingreift. Demnach: Zen greift ein, indem es nicht eingreift, und steht bei diesem Nicht-Eingriff immer auf der Seite der Menschlichkeit. Damit ist Zen durchaus politisch und die Aussage „Ich bin" das politischste Statement überhaupt. Paradoxerweise kann der Mensch dieses umso sicherer abgeben, je mehr ihm bewusst ist, dass er kein Ich besitzt. Die Politik von Zen ist also Zen, d.h. Zen ist völlig unpolitisch. Hier ist die Vorsilbe „-un" Mu und erzeugt jene Widersprüchlichkeit, die in vielen Zen-Texten enthalten ist. Aber eine, die erlaubt ist, weil sie aus der Einigkeit, nicht aus der Trennung, heraus erfolgt. Dem Widerspruch an sich, der Mu ist.

Schlusswort

Vielleicht wird mancher Leser nach der Lektüre der Texte bei der ein oder anderen Stelle sagen: „Wie kommt Ralf Scherer darauf? Wie kommt er nur von dem, was er in der dritten Zeile schreibt, zu dem, was er in der vierten Zeile schreibt? Das kann ich nicht nachvollziehen."

Diesem Leser sei gesagt, dass je mehr er sich um die Frage der Selbsterkenntnis bemüht, er also Mu selbst erfährt, er alle Texte besser verstehen wird, ja sogar so gut verstehen wird, dass er die Texte kennt, bevor er sie gelesen hat. Er also gar keine Texte braucht. Es ist wie bei dem folgenden Kôan, auf das der große Zen-Meister Bassui Tokusho (1327 - 1387) in einer seiner Schriften hinweist:

Ein Mönch fragte Jôshû: „Was ist der Sinn von Bodhidharmas Kommen aus dem Westen?" Jôshû erwiderte: „Die Eiche da im Garten."

Auch hier wird der Leser, der Mu nicht erfahren hat, die Antwort von Jôshû nicht oder nur schwer nachvollziehen können, er wird sie aber verstehen, wenn er Mu erfährt. Ihm wird die Antwort Jôshûs dann völlig klar sein. Dem Leser wird es mit den Texten also so gehen wie Bassui weiter beschreibt:

Erblickst Du Dein Selbst-Wesen auch nur einen Nu, kommt es dem Lesen und Verstehen aller Sûtras (buddhistische Schriften) gleich, und auch der kleinste

Punkt bleibt nicht ungelesen, und ohne dass Du dabei auch nur ein Sûtra in der Hand hieltest oder ein Schriftzeichen läsest. Ist das denn nicht wahrhaft „Sûtra-Lesen"?

D.h. ja, der Leser mag meine Texte lesen, vielleicht auch damit er - ganz grundsätzlich - weiß, dass es „so etwas" wie das Kôan Mu gibt und wofür es gut ist, doch dann sollte sein Bemühen um die Lösung des Kôan Mu, also die Klärung der Frage „Wer bin ich?", sein Lesen sein. Das wirkliche Lesen. Das Lesen ohne zu lesen.

Durch dieses Nicht-Lesen erwirbt er sich die Kenntnisse um die Dinge aus dem Nichts. Er besitzt seine eigene unfehlbare Quelle. Dieses weise Wissen ist bleibend, denn es wurde nicht gegeben und nicht genommen.

„Eines Tages erzählte mir ein Freund von einem Weisen, der in der Nähe zu Besuch sei, und lud mich ein, mit ihm zu kommen, um diesen Weisen zu treffen.

Ich hatte zwar kein Interesse, doch mein Freund ermunterte mich, also begleitete ich ihn. Mein Freund kaufte eine Blumengirlande und einige Süßigkeiten für diesen Weisen und meinte, ich solle mich doch ein wenig in Schale werfen. Als ich den Guru traf, forderte er mich auf, meine Augen zu schließen, und weihte mich ein. Nach einer gewissen Zeit sagte er, ich solle meine Augen wieder öffnen, und es war, als ob ich explodiert wäre. Von dem Augenblick an war ich ein anderer Mensch.

1932 erstand ich zwei Bücher über Philosophie, die mir ein Freund empfohlen hatte. Ich versuchte sie damals zu lesen, doch ich konnte nichts davon verstehen. Also klappte ich sie wieder zu und legte sie beiseite. Mein Guru weihte mich 1934 ein. Zwei Monate, nachdem mich mein Guru eingeweiht hatte, lud mich derselbe Freund zu einem Besuch in sein Dorf ein und schlug vor, zusammen über diese Philosophiebücher zu diskutieren. Ich erläuterte die Bücher völlig spontan, die mir jedoch zu dem Zeitpunkt wie Kinderkram erschienen."

Sri Nisargadatta Maharaj
1897 - 1981

Weitere Bücher von Ralf Scherer

Erschienen im BoD-Verlag sind:

Der Liebende ist kein Sünder, Zen-Erfahrungen (2010)

„Alles, was ich weiß, ist Gott", Zen in Frage und Antwort (2014)

Kôan Mu, Erfahrungsbericht und Einordnung (2015)

„Adolf Hitler", Eine zen-buddhistische Betrachtung (2015)

Website

Ralf Scherer betreibt die zen-buddhistische Website:

„Es (abs.), Nicht"

https://sites.google.com/site/esabsnicht

Hinweis: Derjenige, der mit dem Kôan Mu arbeiten möchte, findet auf der Website eine Anleitung unter „Die Praxis des Kôan Mu".